クイズでスポーツがうまくなる

知ってる？

卓球

はじめに

卓球《たっきゅう》の可能性《かのうせい》は無限大《むげんだい》！
おもしろさを知《し》ってほしい

　卓球《たっきゅう》は運動神経《うんどうしんけい》がいいから勝《か》てるわけではありません。戦術《せんじゅつ》やラバーを工夫《くふう》したり、頭《あたま》を使《つか》って対戦相手《たいせんあいて》とかけひきをしたりすることで、自分《じぶん》のマイナス面《めん》をプラスにかえることのできるスポーツです。

　卓球《たっきゅう》はよく「100メートル走《そう》をしながらチェスをする」とたとえられることがあります。それは、はげしい運動《うんどう》をしながらも、頭《あたま》で考《かんが》えてプレーするということを指《さ》しています。運動《うんどう》が得意《とくい》だというだけで強《つよ》くなるわけではありません。たとえ運動神経《うんどうしんけい》がよくなくても、自分《じぶん》の特長《とくちょう》を生《い》かせば、勝《か》つことができる。“心《しん》技体知《ぎたいち》”のすべてがそろっている選手《せんしゅ》が強《つよ》くなるスポーツで、可能性《かのうせい》が無限《むげん》に広《ひろ》がっているのが卓球《たっきゅう》ではないかと私《わたし》は思《おも》っています。

　この本《ほん》では、卓球《たっきゅう》のおもしろさを知《し》ってもらおうとクイズを考《かんが》えました。なかには、回転《かいてん》などの要素《ようそ》もあるので、初心者《しょしんしゃ》にはむずかしい問題《もんだい》もあるかもしれません。しかし、答《こた》えをまちがってもかまわないので、卓球《たっきゅう》を少《すこ》しでも理解《りかい》しておもしろさを知《し》ってほしいと思《おも》っています。

藤井寛子《ふじいひろこ》

この本《ほん》の使《つか》い方《かた》

この本《ほん》では、卓球《たっきゅう》をするときに、みなさんが疑問《ぎもん》に思《おも》うことや、うまくなるためのコツ、練習《れんしゅう》のポイントなどをクイズ形式《けいしき》で紹介《しょうかい》していきます。初級《しょきゅう》から上級《じょうきゅう》まで、問《もん》題《だい》レベルが一目《ひとめ》でわかるようになっています。ぜひ、上級問題《じょうきゅうもんだい》にも答《こた》えられるように挑戦《ちょうせん》してみてください。

ぼくたちが大切《たいせつ》なポイントを解説《かいせつ》するよ

この本《ほん》のキャラクター
ピンちゃん&ポンちゃん

問題《もんだい》と答《こた》えのマークについて

問題
00
上級
中級
初級

クイズのマークです。
初級《しょきゅう》、中級《ちゅうきゅう》、上級《じょうきゅう》に分《わ》かれています

00の答《こた》え

クイズの解答《かいとう》です

そのほかのマークについて

\ヒント/
hint

[ヒント]

問題《もんだい》のヒントです。問題《もんだい》がむずかしいときは見《み》てください

なんで

[なんで?]

正解《せいかい》の理由《りゆう》、疑問《ぎもん》に思《おも》うポイントをくわしく解説《かいせつ》しています

PO!NT

[ポイント]

実際《じっさい》のプレーで生《い》かせるワンポイントアドバイスです

トライ!

[トライ]

実際《じっさい》のプレーに生《い》かすために、やってみてほしい練習《れんしゅう》です

[用語説明《ようごせつめい》]

卓球《たっきゅう》の専門用語《せんもんようご》などを解説《かいせつ》しています。用語《ようご》は140ページのさくいんでも調《しら》べられます

OK!

[OK] 動作《どうさ》やプレーのいい例《れい》です

NG!

[NG] 動作《どうさ》やプレーの悪《わる》い例《れい》です

もくじ

はじめに ……… 2
この本の使いかた ……… 3

第1章 卓球ってどんなスポーツ？

藤井アドバイス① 卓球とは？ ……… 8
- Q01 試合は何点になったら勝てるでしょう？ ……… 9
- Q02 卓球の試合形式で正しくないのはどれ？ ……… 11
- Q03 ボールと台の大きさはどのくらいでしょう？ ……… 13
- Q04 ラケットを持つ感覚で正しいのはどれでしょう？ ……… 15

問題番号の上にある
マークは、各問題の
難易度を示しています

初 …初級
中 …中級
上 …上級

- Q05 トライ！ 休み時間にできる練習① ボール突き ……… 18
- Q06 ラバーの組み合わせで正しいのはどれでしょう？ ……… 19
  - トライ！ ラバーをはってみよう ……… 21
  - トライ！ 身長や体重によってクラス分けがある？ ……… 23
  - トライ！ 休み時間にできる練習② ……… 26

第2章 きほん技術をおぼえよう

藤井アドバイス② きほんの大切さ ……… 28
- Q07 構えで正しいのはどれでしょう？ ……… 29
- Q08 正しくボールを打つために大事なことは？ ……… 31
- Q09 フォアで打つときの正しい重心はどれでしょう？ ……… 33
  - トライ！ ラケットを使わない練習でリズムをやしなう ……… 36
- Q10 バックハンドで打つときの正しい打点はどこでしょう？ ……… 37

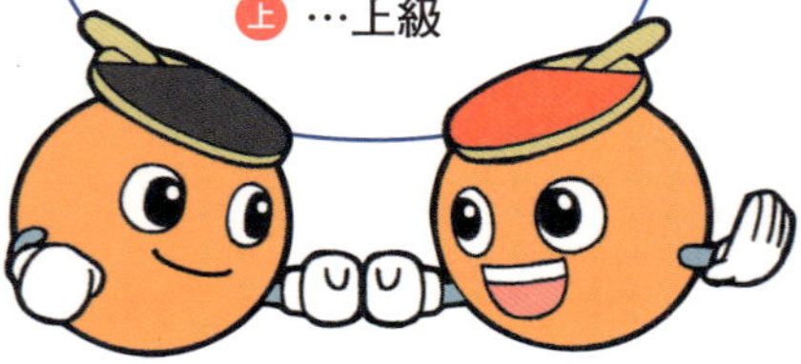

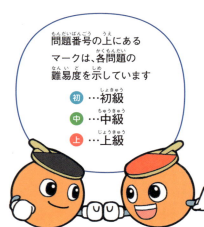

第3章 サービス＆レシーブをおぼえよう

Q12 中 トライ！ フットワークを強化！ ボール運び ... 44

Q13 中 スマッシュを打つときは、いつ力を入れるのがよいでしょうか？ ... 45

Q14 中 打った球がまっすぐ飛んでいかないのはなぜでしょう？ ... 49

Q15 中 相手はどんな回転をかけていたのでしょうか？ ... 51

Q16 上 下回転を打ち返すときの正しい角度はどれ？ ... 53

Q17 上 下回転のボールを攻撃的に返す打ちかたはなんでしょう？ ... 57

Q18 上 上回転のボールをドライブで返す場合、ボールのどこを打つのが正しいでしょうか？ ... 61

トライ！ ラバー投げ ... 64

ブロックの正しい力の入れかたのイメージは？ ... 65

藤井アドバイス③ 回転は卓球のおもしろさ ... 70

Q19 初 サービスを打つ位置でまちがっているのはどれでしょう？ ... 71

Q20 初 サービスで次の状況になった場合、どんな対応が取られるでしょうか？ ... 73

Q21 初 サービスで反則となるのはどれでしょう？ ... 75

Q22 初 サービスを長くまたは短く出したい場合、台のどこをねらえばいいでしょうか？ ... 77

Q23 中 自分が回転をかけたサービス。どのように飛ぶでしょうか？ ... 80

Q24 中 相手がかけた回転は、どこを見て判断すればいいでしょうか？ ... 83

トライ！ 回転をかけてみよう ... 86

Q25 中 回転のかかったサービスを返すにはラケットの何を合わせるのが大切？ ... 87

第4章 試合の流れ・マナー

藤井アドバイス④ 仲間への感謝

[初] Q28 試合前のじゃんけんでなにを決めるのでしょうか？ …… 101

[初] Q29 お互いのラケットをチェックするのはどうして？ …… 103

[初] Q30 試合直前に体を動かすことはできるでしょうか？ …… 105

[初] Q31 試合中にタオルで汗を拭いたら怒られてしまいました。どうしてでしょう？ …… 107

[初] Q32 タイムアウトは試合中に1人何回まで取ることができる？ …… 109

[初] Q33 試合中にコートのサイドを入れかえるタイミングはいつでしょうか？ …… 113

[初] Q34 試合中に審判から試合を止められました。なんのルールが適用されたのでしょうか？ …… 115

[中] Q35 ジャッジに不満がある場合、だれに抗議すればいいでしょうか？ …… 117

[中] Q36 ダブルスで1人が2回続けて打ったら相手の得点に。どうしてでしょう？ …… 119

[中] Q37 ダブルスのサービスはどこに打つのが正しい？ …… 121

[中] Q38 ダブルスではサービスをどの順番で打つのが正しいでしょうか？ …… 123

知っておこう！ グッドマナーとバッドマナー …… 126

第5章 卓球物知りクイズ

[上] Q39 卓球台のラインの名称は？ …… 130

[上] Q40 卓球が生まれた国や始まった年代は？ …… 133

[上] Q41 ラケットの大きさはどれくらいまで認められているでしょうか？ …… 135

[上] Q42 手の甲でボールを打ち返したらどうなるでしょうか？ …… 135

[上] Q43 卓球団体の略称・正式名称はどれでしょう？ …… 137

[上] Q44 国際卓球連盟に加盟している協会はいくつあるでしょう？ …… 137

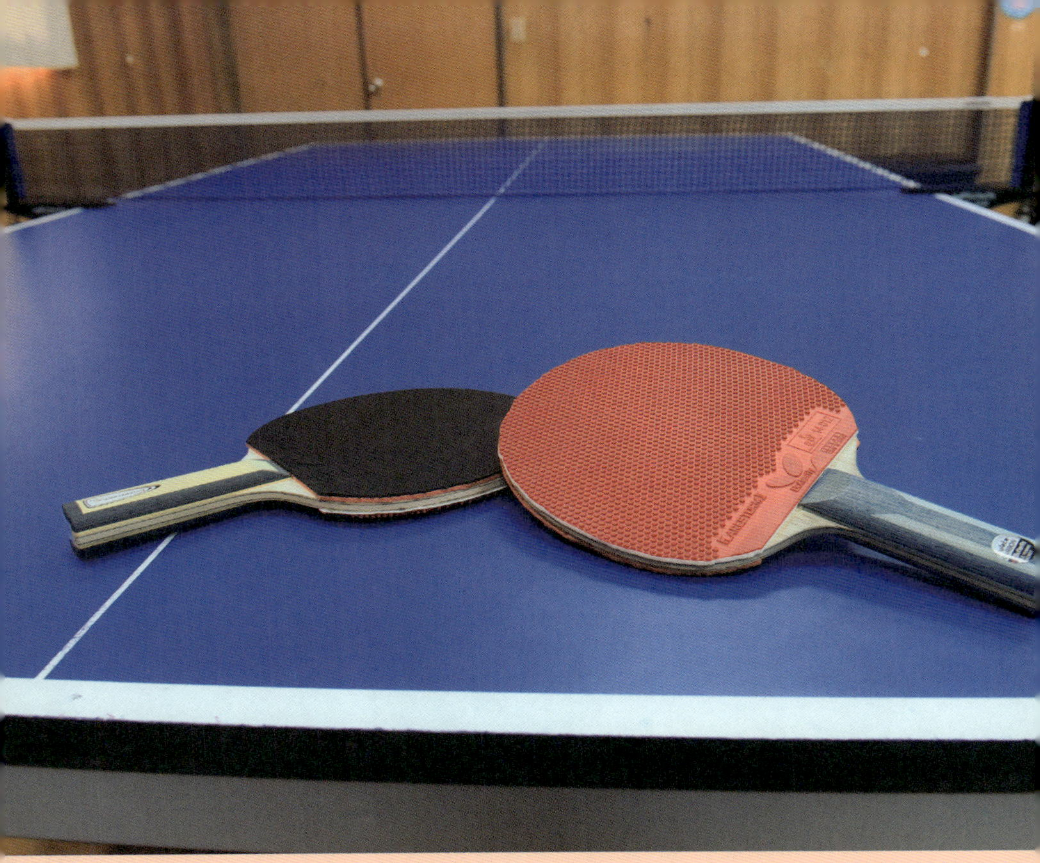

第《だい》1章《しょう》

卓球《たっきゅう》って どんなスポーツ？

卓球《たっきゅう》がたのしくなる 藤《ふじ》井《い》寛《ひろ》子《こ》の ステップアップアドバイス①

自分《じぶん》の可能性《かのうせい》を生《い》かせば 卓球《たっきゅう》が上手《じょうず》になり たのしくなる！

　卓球《たっきゅう》がおもしろい理由《りゆう》の一《ひと》つに、相手選手《あいてせんしゅ》と戦《たたか》う対人競技《たいじんきょうぎ》だということがあります。ほかの球技《きゅうぎ》でも対人《たいじん》競技《きょうぎ》はありますが、そのなかでも卓《たっ》球《きゅう》は相手《あいて》とのきょりが近《ちか》いので、相《あい》手《て》の表情《ひょうじょう》を見《み》たり、そこから考《かんが》えを読《よ》んだりするなど、目《め》には見《み》えない心《こころ》のかけひきが魅力《みりょく》の一《ひと》つです。

　また、ボールの回転《かいてん》を駆使《くし》する競技《きょうぎ》なので、持久力《じきゅうりょく》や瞬発力《しゅんぱつりょく》といった運動能力《うんどうのうりょく》以外《いがい》にも、自分《じぶん》のかけた回転《かいてん》から次《つぎ》の展開《てんかい》を予測《よそく》したり、相手《あいて》の回転《かいてん》を読《よ》んだりと〝知力《ちりょく》〟も必要《ひつよう》になる。自分《じぶん》の可能性《かのうせい》を最大限《さいだいげん》に生《い》かせば、卓球《たっきゅう》が上手《じょうず》になり、もっとたのしくなると思《おも》いますよ。

問題《もんだい》 01

初級《しょきゅう》　中級　上級

卓球《たっきゅう》の試合形式《しあいけいしき》で正《ただ》しくないのはどれ？

1 シングルス

2 ダブルス

3 トリプルス

ヒント hint

答《こた》えの二《ふた》つは正《ただ》しい試合形式《しあいけいしき》です。大人《おとな》から子《こ》どもまで変《か》わることはないので、テレビなどで見《み》たものを思《おも》い出《だ》してみましょう。

答《こた》えがわかったらページをめくってね

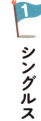

01の答《こた》え

▼

3

トリプルス

なんで

1対《たい》1または2対《たい》2で行《おこな》うスポーツです

卓球《たっきゅう》には、1人対1人《ひとりたいひとり》で戦《たたか》うシングルスと2人対2人《ふたりたいふたり》で戦《たたか》うダブルスの2種目《しゅもく》があります。チームごとに戦《たたか》う団体戦《だんたいせん》の場《ば》合《あい》は、大会《たいかい》によってちがいますが、シングルスが4試合《しあい》にダブルスが1試合《しあい》など、シングルスとダブルスの組《く》み合《あ》わせで行《おこな》われます。また、ダブルスには男女《だんじょ》がペアを組《く》んで行《おこな》うミックスダブルスという形式《けいしき》もあります。

これ知《し》ってる？

世界《せかい》トップレベルの団体戦《だんたいせん》

世界的《せかいてき》に大《おお》きな大会《たいかい》である「オリンピック」の団体戦《だんたいせん》は、3人《にん》の選手《せんしゅ》でシングルス4試合《しあい》とダブルス1試合《しあい》の計《けい》5試合《しあい》であらそわれますが、同《おな》じ団体戦《だんたいせん》でも「世界選手権《せかいせんしゅけん》」という大会《たいかい》では、3人《にん》の選手《せんしゅ》でシングルスのみを5試合《しあい》戦《たたか》い、ダブルスは行《おこな》われません。このように、団体戦《だんたいせん》は大会《たいかい》によって試合形式《しあいけいしき》がちがいます。

問題《もんだい》 02
初級《しょきゅう》 中級 上級

試合《しあい》は何点《なんてん》になったら勝《か》てるでしょう? □に数字《すうじ》を入《い》れてください

【問題文《もんだいぶん》】
シングルス、ダブルスともに
□点先取《てんせんしゅ》の□ゲームマッチです。
自分《じぶん》の打《う》った球《たま》が相手側《あいてがわ》の台《だい》に入《はい》らなかったら
相手《あいて》の得点《とくてん》となり、
相手《あいて》の打《う》った球《たま》が自分側《じぶんがわ》の台《だい》に入《はい》らなかったら
自分《じぶん》の得点《とくてん》になります。

1	2	3	4
11	18	3	5

得点《とくてん》は同《おな》じだけど
大会《たいかい》によってゲーム数《すう》がちがうね

ヒント
hint
最初《さいしょ》の□には1と2のどちらかが、次《つぎ》の□には3と4のどちらかが入《はい》ります。

答《こた》えがわかったらページをめくってね

なんで

「11点先取《てんせんしゅ》5ゲームマッチ」というルールだから

小学生《しょうがくせい》の場合《ばあい》は、11点先取《てんせんしゅ》の5ゲームマッチで試合《しあい》を行《おこな》います。3ゲームを取《と》ったほうが勝《か》ちです。中高生《ちゅうこうせい》や大人《おとな》になると、7ゲームに増《ふ》えて試合《しあい》をすることが多《おお》いです。ただし、大会《たいかい》によって決《き》められているので小学生《しょうがくせい》であっても、例《たと》えば全日本選手権《ぜんにほんせんしゅけん》に出《で》て勝《か》ち上《あ》がれば7ゲームの試合《しあい》をすることもあります。

1試合《しあい》は何分《なんぷん》くらいだろう？
だいたい1ゲーム 5～10分《ぷん》くらいだよ
11 3 1 7

これ知《し》ってる？ 10オールの場合《ばあい》

1ゲームは先《さき》に11点《てん》を取《と》ったほうの選手《せんしゅ》が勝者《しょうしゃ》となりますが、得点《とくてん》が10－10でならんだ場合《ばあい》（10オール）は、先《さき》に2点差《てんさ》をつけた選手《せんしゅ》がそのゲームの勝者《しょうしゃ》となります。

12 0 0 12

▲得点《とくてん》が10－10でならんだ場合《ばあい》は、11点《てん》を取《と》っても試合《しあい》が続《つづ》けられる

12 0 0 14

▲先《さき》に2点差《てんさ》をつけた選手《せんしゅ》(右)が、そのゲームの勝者《しょうしゃ》となる

02の答《こた》え

▼

1 11点《てん》

4 5ゲーム

問題《もんだい》 03
初級《しょきゅう》

ボールと台《だい》の大《おお》きさはどのくらいでしょう?

台《だい》

1. 242 センチ× 132.0 センチ
2. 274 センチ× 152.5 センチ

ボール

1. 35 ミリ、2.4 グラム
2. 40 ミリ、2.7 グラム

ヒント
hint

ボールには通常《つうじょう》のボールより大《おお》きなラージボール（44ミリ）があります。台《だい》は子《こ》ども用《よう》に高《たか》さが低《ひく》い台《だい》もありますが、面《めん》の大《おお》きさは大人《おとな》と同《おな》じです。

答《こた》えがわかったらページをめくってね

03の答《こた》え▼

2

274センチ×152.5センチ

2

40ミリ、2.7グラム

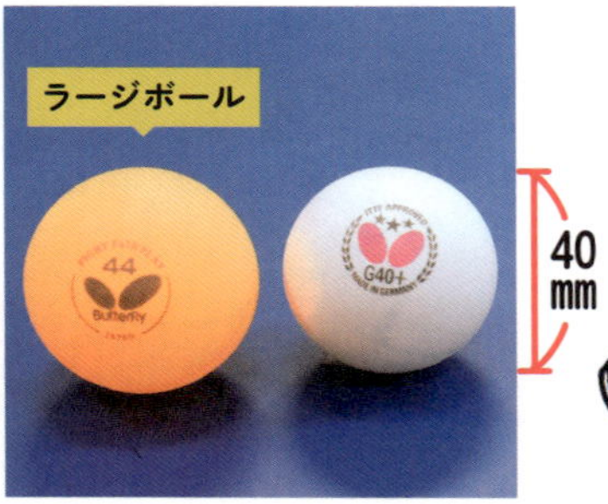

これ知《し》ってる？ 子《こ》ども用《よう》の台《だい》とラージボール

全日本選手権《ぜんにほんせんしゅけん》などの公式戦《こうしきせん》でも、小学《しょうがく》2年生《ねんせい》以下《いか》が出場《しゅつじょう》するバンビの部《ぶ》では、通常《つうじょう》の卓球台《たっきゅうだい》よりも10センチ低《ひく》い、高《たか》さが66センチの台《だい》が使《つか》われています。台《だい》の面《めん》の大《おお》きさは同《おな》じです。また、通常《つうじょう》より大《おお》きなラージボールを使《つか》う大会《たいかい》も行《おこな》われています。

▲右《みぎ》が大人《おとな》、左《ひだり》が子《こ》ども用《よう》の台《だい》だ

問題《もんだい》 **04**

初級《しょきゅう》 中級 上級

ラケットを持《も》つ感覚《かんかく》で正《ただ》しいのはどれでしょう?

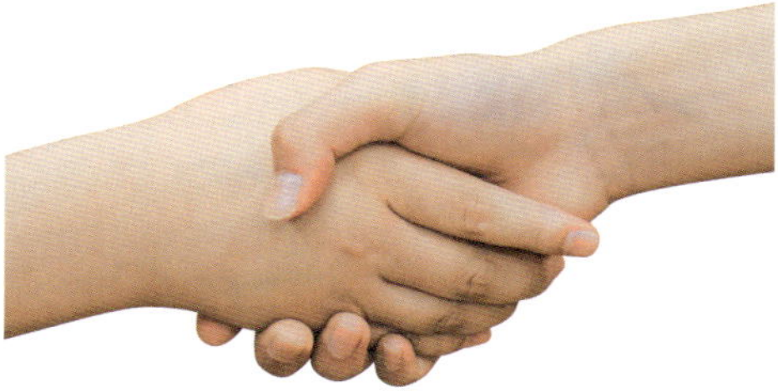

1 握手《あくしゅ》

2 指相撲《ゆびずもう》

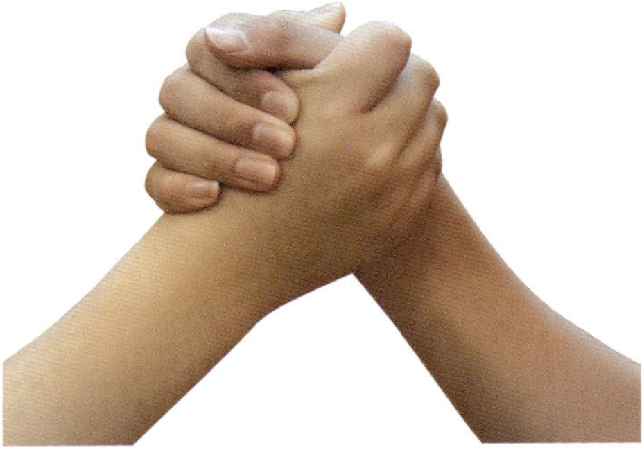

3 腕相撲《うでずもう》

＼ヒント／ hint

あまり強《つよ》くラケットを持《も》つと、力《ちから》が入《はい》りすぎてラケットが自由《じゆう》に動《うご》かせなくなってしまいます。

答《こた》えがわかったらページをめくってね

04の答《こた》え

1 握手《あくしゅ》をするイメージで持《も》つ

なんで

力《ちから》を入《い》れすぎると手首《てくび》がかたくなってしまうから

ラケットの持《も》ちかたをまちがえると、打球《だきゅう》が安定《あんてい》しなくなる、ボールに回転《かいてん》がかけづらくなるなど、上手《じょうず》にプレーできないばかりか、上達《じょうたつ》をさまたげてしまいます。手首《てくび》がやわらかく使《つか》え、打《う》つときにはしっかりと力《ちから》を入《い》れられるように、シェークハンドはラケットを横《よこ》に向《む》けた状態《じょうたい》で握手《あくしゅ》をするように持《も》つとよいでしょう。

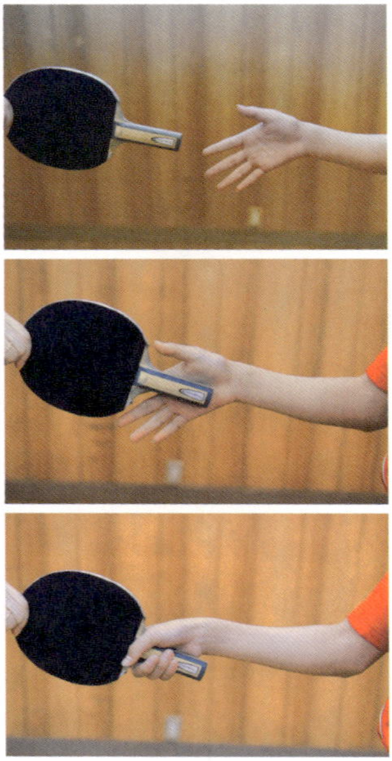

NG!

人《ひと》さし指《ゆび》を立《た》てている

手首《てくび》がやわらかく使《つか》えず、フォアとバックの切《き》り返《かえ》しがしづらくなってしまう

握《にぎ》りかたが浅《あさ》すぎる

ラケットが下《した》を向《む》いたり上《うえ》を向《む》いたりと不安定《ふあんてい》になる。逆《ぎゃく》に深《ふか》く握《にぎ》りすぎるのも手首《てくび》がやわらかく使《つか》えないためNG

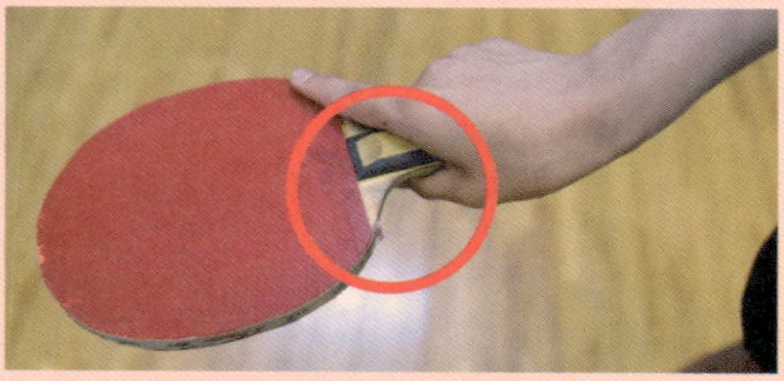

人《ひと》さし指《ゆび》がまがっている

人《ひと》さし指《ゆび》の腹《はら》全体《ぜんたい》がラケットについていたほうが、いろいろなモーションから打球《だきゅう》できる

**ラケットには、大《おお》きく分《わ》けて
シェークハンド、日本式《にほんしき》ペン、中国式《ちゅうごくしき》ペンの3種類《しゅるい》があります。
一番多《いちばんおお》く使《つか》われているのはシェークハンドですが、
そのほかの特徴《とくちょう》も知《し》っておきましょう。**

▶シェークハンド

握手《あくしゅ》をするように握《にぎ》るラケットで、一番《いちばん》多《おお》く使《つか》われているタイプ。フォア面《めん》・バック面《めん》の両面《りょうめん》にラバーをはって使用《しよう》し、ペンにくらべてバック面《めん》で打球《だきゅう》しやすいのが特長《とくちょう》

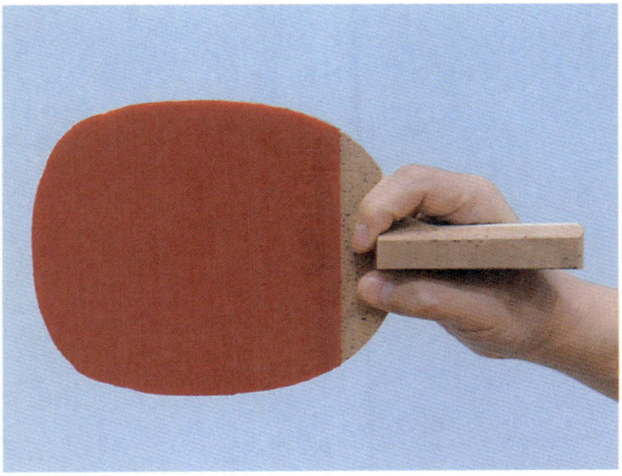

▶日本式《にほんしき》ペン

字《じ》を書《か》くペンを持《も》つように握《にぎ》るラケット。シェークハンドとちがい、基本的《きほんてき》に片面《かためん》だけにラバーをはって使用《しよう》する。そのため、片面《かためん》を使《つか》ってフォアとバックを打《う》ち分《わ》ける。手首《てくび》をやわらかく使《つか》えるため、サービスやレシーブで優位《ゆうい》に立《た》ちやすいのが利点《りてん》

▶中国式《ちゅうごくしき》ペン

シェークハンドのグリップを短《みじか》くしたような形《かたち》のラケットで、日本《にほん》式《しき》ペンのように持《も》つ。ラバーも両面《りょうめん》にはるため、シェークハンドと日本式《にほんしき》ペンの両方《りょうほう》に近《ちか》い打《う》ちかたができる

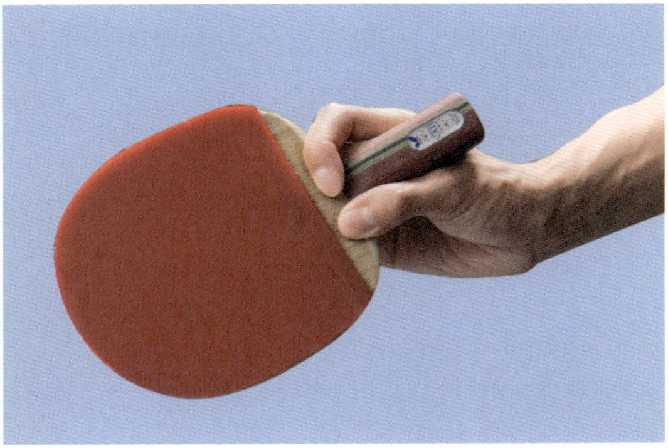

トライ!

休《やす》み時間《じかん》にできる練習《れんしゅう》①
ボール突《つ》き

ラケットを正《ただ》しく持《も》って、ボールになれよう！

卓球《たっきゅう》を始《はじ》めたら、ボール突《つ》きにチャレンジしてみましょう。やりかたはかんたんで、ラケットを正《ただ》しく持《も》ったら、体《からだ》の正面《しょうめん》でボールをポンポンと上《うえ》に向《む》けて突《つ》くだけ。なれてきたらボールをより高《たか》くあげてみたり、フォア面《めん》とバック面《めん》で交互《こうご》に打《う》ってみたりしてください。場所《ばしょ》を選《えら》ばず、かんたんにできるので、練習《れんしゅう》時間《じかん》以外《いがい》でも遊《あそ》びながらボールになれることができます。

問題《もんだい》05

初級《しょきゅう》 中級 上級

ラバーの組《く》み合《あ》わせで正《ただ》しいのはどれでしょう?

1 青《あお》と黒《くろ》

2 赤《あか》と赤《あか》

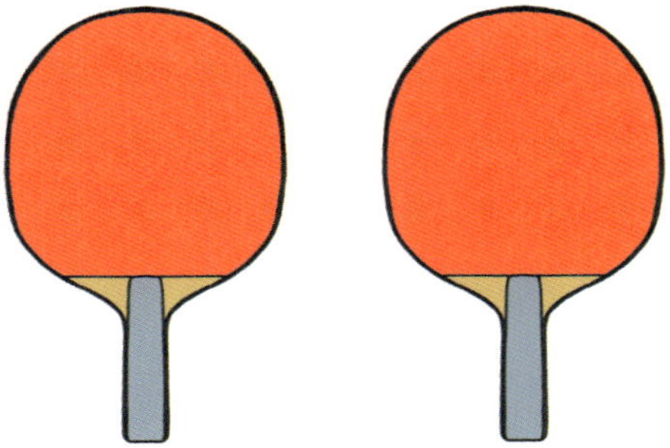

3 赤《あか》と黒《くろ》

ヒント
hint

どちらの面《めん》で打《う》っているのかが、はっきり相手《あいて》にわかるようにするため、などの理由《りゆう》があります。ルールで決《き》まっているので、正解《せいかい》は一《ひと》つです。

答《こた》えがわかったらページをめくってね

05の答《こた》え ▶

3

赤《あか》と黒《くろ》

なんで

赤《あか》と黒《くろ》で分《わ》けることがルールで定《さだ》められている

赤《あか》と黒《くろ》のラバーを使《つか》い、裏《うら》と表《おもて》で別々《べつべつ》の色《いろ》のラバーをはらなければいけません。フォア面《めん》、バック面《めん》のどちらが赤《あか》でどちらが黒《くろ》でも問題《もんだい》はありませんが、同《おな》じ色《いろ》のラバーを両面《りょうめん》にはることはルールで禁《きん》止《し》されています。

これ知《し》ってる？

ラバーの種類《しゅるい》と特徴《とくちょう》を知《し》ろう！

戦型《せんがた》（24ページ）や選手《せんしゅ》の好《この》みによって、使《つか》うラバーがちがいます（104ページ）。まずは代表的《だいひょうてき》な３つのラバーを紹介《しょうかい》します。

シート
スポンジ
側面図《そくめんず》

裏《うら》ソフト

ラバーの表面《ひょうめん》（シート）が平《たい》らになっているため、ボールを打《う》ったときに、ボールとシートの接触面《せっしょくめん》が広《ひろ》くなり、その分《ぶん》、ボールに回転《かいてん》をかけやすくなる。

シート
スポンジ
側面図《そくめんず》

表《おもて》ソフト

表面《ひょうめん》にツブが出《で》ているため、打《う》ったときにボールとシートの接触面《せっしょくめん》がせまくなる。ボールをはじくように打《う》つとラバーから離《はな》れていくのが早《はや》く、ボールにスピードが出《で》やすくなる。また、無回転《むかいてん》（ナックル性《せい》）の球質《きゅうしつ》を出《だ》しやすい。

シート
スポンジ
側面図《そくめんず》

ツブ高《だか》

表面《ひょうめん》のツブが表《おもて》ソフトよりも長《なが》くて細《ほそ》いのが特徴《とくちょう》。ボールが接触《せっしょく》したとき、長《なが》いツブが倒《たお》れるようになるため、相手《あいて》がかけた回転《かいてん》とは逆《ぎゃく》の回転《かいてん》をかけることができる。

ラバーをはってみよう

自分《じぶん》にあったラバーを選《えら》んだら、自分《じぶん》でラケットにはってみましょう。しっかりはらないとルール違反《いはん》になることもあるので、きちんとしたはりかたをおぼえておきましょう。

やりかた

1　用意《ようい》するもの

❶ラケット　❷ラバー
❸接着剤《せっちゃくざい》　❹スポンジ

用意《ようい》するものはこの4つです。スポンジは、接着剤《せっちゃくざい》をのばすのに使《つか》います。また、最後《さいご》にラバーをカットするためのはさみもあらかじめ用意《ようい》しておくといいでしょう

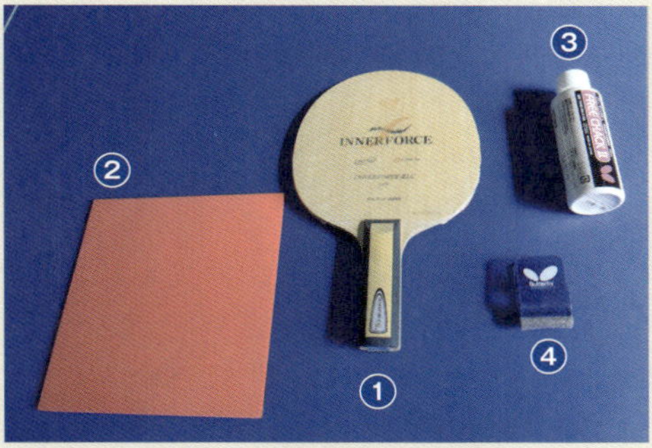

2　ラバーに接着剤《せっちゃくざい》をぬる

まず、ラバーの裏側《うらがわ》に接着剤《せっちゃくざい》を適量《てきりょう》たらします

⬇

次《つぎ》に、ラバーにつけた接着剤《せっちゃくざい》をスポンジを使《つか》ってのばしていきます

⬇

ラケットとはり合《あ》わせたときにムラができないためにも、接着剤《せっちゃくざい》の筋《すじ》が残《のこ》らないようにまんべんなくのばすのがコツです

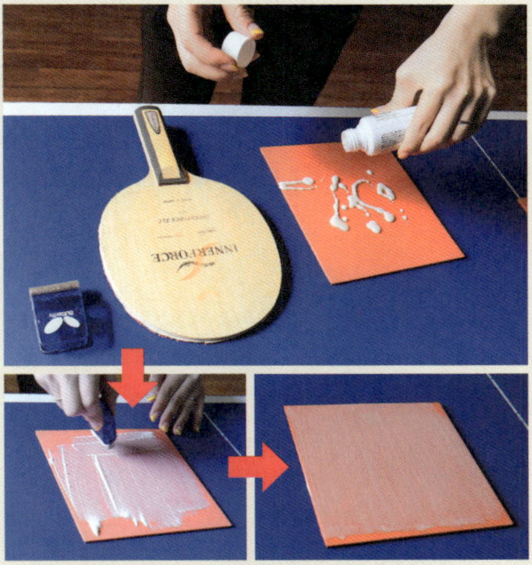

3　ラケットに接着剤《せっちゃくざい》をぬる

ラバーに接着剤《せっちゃくざい》をぬり終《お》えたら、次《つぎ》はラケットにも接着剤《せっちゃくざい》をぬっていきます。ラバーとおなじく、筋《すじ》が残《のこ》らないようにしっかりとスポンジでのばしていきましょう

つづく

トライ!

接着剤《せっちゃくざい》をぬりすぎると
分厚《ぶあつ》くなってルール違反《いはん》に
なることもあるよ。注意《ちゅうい》してね！

やりかた

4　接着剤《せっちゃくざい》を乾《かわ》かす

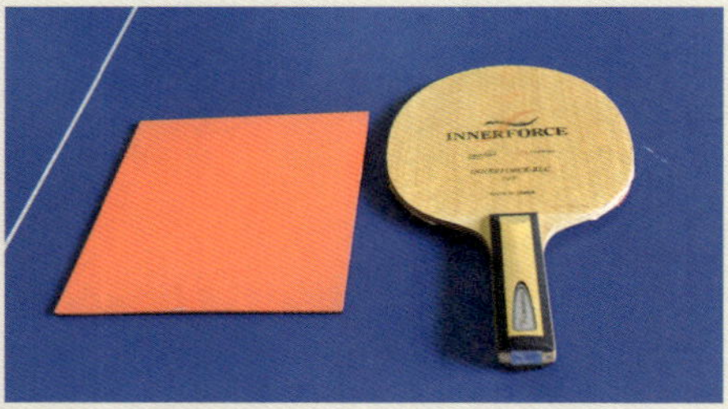

ラバーとラケットにぬった接着剤《せっちゃくざい》を乾《かわ》かします。ぬるときは白《しろ》かった接着剤《せっちゃくざい》が、透明《とうめい》になったらしっかりと乾《かわ》いているので、次《つぎ》のステップに進《すす》みましょう

5　ラバーをはる

接着剤《せっちゃくざい》をぬったラバーとラケットの面《めん》を合《あ》わせてはっていきます。しっかりと位置《いち》を合《あ》わせてムラができないようにゆっくりとはりましょう

⬇

ラケットの裏側《うらがわ》から、よく押《お》さえてラバーとラケットを接着《せっちゃく》させます。ラップの芯《しん》などを手前《てまえ》から奥《おく》に転《ころ》がしていくと、空気《くうき》が入《はい》りにくくなります

6　ラバーを切《き》る

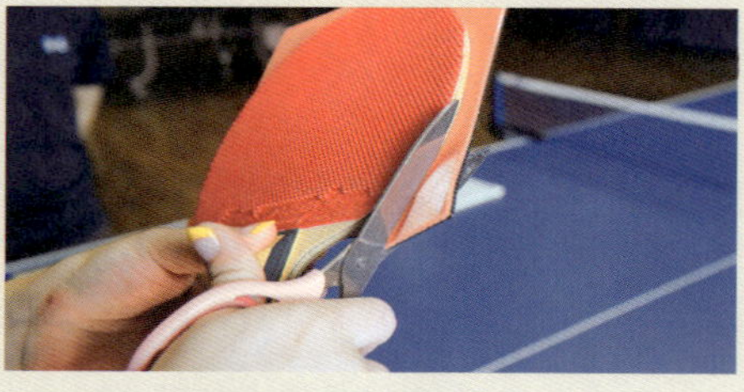

しっかりとラバーがはれたら、ラケットからはみ出《だ》した部分《ぶぶん》を、はさみで切《き》っていきます

7　完成《かんせい》！

はみ出《だ》したラバーを切《き》り終《お》えたら完《かん》成《せい》です！

問題《もんだい》

06

中級《ちゅうきゅう》

身長《しんちょう》や体重《たいじゅう》によってクラス分《わ》けがある?

ヒント

hint

卓球《たっきゅう》はいろいろな戦《たたか》いかたがあるので、身長《しんちょう》が低《ひく》い人《ひと》でも高《たか》い人《ひと》に勝《か》つことができるスポーツです。

06の答《こた》え ▼ ありません。みんな一緒《いっしょ》です

なんで

体型《たいけい》による有利不利《ゆうりふり》をなくせるから

卓球《たっきゅう》は年齢《ねんれい》によって出場《しゅつじょう》できる大会《たいかい》が異《こと》なることはありますが、身長《しんちょう》や体重《たいじゅう》によってクラスが分《わ》かれることはありません。一人《ひとり》ひとりに合《あ》った「戦型《せんがた》」で戦《たたか》うことで、体型《たいけい》による有利不利《ゆうりふり》もなくすことができます。

水谷《みずたに》 隼《じゅん》

石川《いしかわ》佳《か》純《すみ》

●両《りょう》ハンドドライブ型《がた》

台《だい》から少《すこ》し離《はな》れて構《かま》え、ドライブを使《つか》って相手《あいて》が打《う》ったどんなボールに対《たい》しても、回転《かいてん》をかけて返《かえ》していくのが特徴《とくちょう》。シェークハンドラケットに裏《うら》ソフトラバーを両面《りょうめん》にはっている選手《せんしゅ》に多《おお》い。代表的《だいひょうてき》な選手《せんしゅ》は水谷隼《みずたにじゅん》や石川佳《いしかわか》純《すみ》（写真《しゃしん》）。

丹羽孝希《にわこうき》

福原愛《ふくはらあい》

●前陣速攻型《ぜんじんそっこうがた》

相手《あいて》に時間《じかん》やスキを与《あた》えないように、できるだけ台《だい》の近《ちか》くから早《はや》いタイミングで返球《へんきゅう》していく戦いかた。バック面《めん》とフォア面《めん》にちがう種類《しゅるい》のラバーをはることで、変化《へんか》をつけていく選手《せんしゅ》も多《おお》い。比較的《ひかくてき》、体《からだ》が小《ちい》さい選手《せんしゅ》に多《おお》く、代表的《だいひょうてき》な選手《せんしゅ》は福原愛《ふくはらあい》や丹羽孝希《にわこうき》（写真《しゃしん》）。

▶戦型《せんがた》

試合中《しあいちゅう》にどういったショットや動《うご》きを中心《ちゅうしん》にプレーするかという戦《たたか》いかたのこと

石垣優香《いしがきゆか》

村松雄斗《むらまつゆうと》

●カットマン

基本的《きほんてき》には相手《あいて》が前進回転《ぜんしんかいてん》で打《う》ってきたボールを、逆回転《ぎゃくかいてん》をかけて返《かえ》す守備《しゅび》を中心《ちゅうしん》にした戦《たたか》いかた。さまざまな回転《かいてん》をあやつって相手《あいて》のミスをさそったり、チャンスをつくって攻撃《こうげき》したりとオールマイティー（万能型《ばんのうがた》）なプレーが求《もと》められる。運動神《うんどうしん》経《けい》のよい人《ひと》や身長《しんちょう》が高《たか》い人《ひと》に向《む》く。代表的《だいひょうてき》な選手《せんしゅ》は村松雄斗《むらまつゆうと》や石垣優香《いしがきゆか》（写真《しゃしん》）。

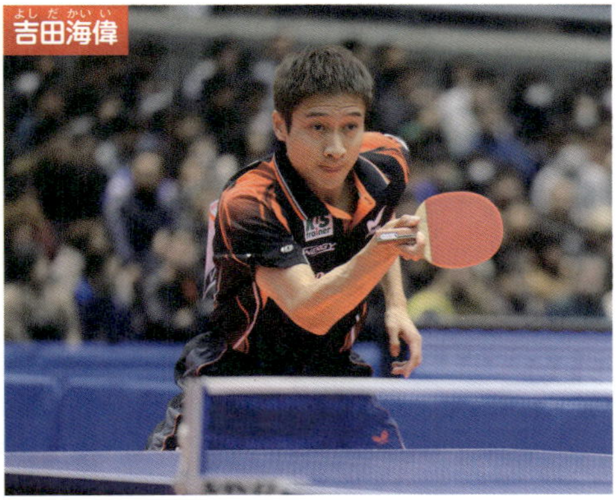

吉田海偉《よしだかいい》

●ペンホルダー

日本式《にほんしき》ペンや中国式《ちゅうごくしき》ペンのラケットを使《つか》う選手《せんしゅ》がとる戦型《せんがた》。手首《てくび》が使《つか》いやすく、細《こま》かい技術《ぎじゅつ》がやりやすいというペンのよいところを利用《りよう》して、サービスやレシーブで優《ゆう》位《い》に立《た》ってから、また回転《かいてん》で変化《へんか》をつけてから豪快《ごうかい》にフォアで攻《せ》めていく選手《せんしゅ》が多《おお》い。代表的《だいひょうてき》な選手《せんしゅ》は吉田海偉《よしだかいい》（写真《しゃしん》）。

トライ! 休《やす》み時間《じかん》にできる練習《れんしゅう》②

ぞうきんがけ

そうじなどで行《おこな》うぞうきんがけも、目的《もくてき》を持《も》って取《と》り組《く》めば、よい練習《れんしゅう》になります。手《て》にしっかり力《ちから》を入《い》れたら、体《からだ》がグラグラしないようにおなかに力《ちから》を入《い》れておしりを高《たか》くあげること。体《からだ》の軸《じく》や中心《ちゅうしん》部《ぶ》分《ぶん》がきたえられるトレーニングです。

お手玉《てだま》

ボールを3つ用意《ようい》し、お手玉《てだま》をしてみましょう。かならず空中《くうちゅう》に一《ひと》つ以上《いじょう》ボールが浮《う》いているように。頭《あたま》と体《からだ》をうまく連動《れんどう》させる力《ちから》がつき、脳《のう》のトレーニングにもなります。

第《だい》2章《しょう》

きほん技術《ぎじゅつ》を おぼえよう

卓球《たっきゅう》がたのしくなる 藤井《ふじい》寛子《ひろこ》のステップアップアドバイス②

卓球《たっきゅう》も家《いえ》と同《おな》じで土台《どだい》づくりが大事《だいじ》

卓球《たっきゅう》を長《なが》く続《つづ》け、上達《じょうたつ》していくためには、打《う》ちかたやフットワークなどの〝きほん〟が大事《だいじ》になります。卓球《たっきゅう》も家《いえ》と同《おな》じで、土台《どだい》がしっかりしていれば、その上《うえ》にある技術《ぎじゅつ》や戦《せん》術《じゅつ》はあとから身《み》につけられるからです。

土台《どだい》をつくるための練習《れんしゅう》は地味《じみ》で大変《たいへん》かもしれませんが、強《つよ》くなるためには抜《ぬ》かすことのできない部分《ぶぶん》なのだと考《かんが》えて取《と》り組《く》んでください。

また、きほんを練習《れんしゅう》していると、自分《じぶん》の特徴《とくちょう》もわかってくるので、それに合《あ》わせた技術《ぎじゅつ》や戦術《せんじゅつ》をおぼえていくことが、強《つよ》くなるための近道《ちかみち》だと思《おも》います。

問題《もんだい》
07
初級《しょきゅう》 中級 上級

構《かま》えで正《ただ》しいのはどれでしょう？

1
深《ふか》く前《まえ》かがみで
構《かま》える

2
少《すこ》し前《まえ》かがみで
ヒザをまげて
構《かま》える

3
まっすぐな姿勢《しせい》で
ヒザをのばして
構《かま》える

ヒント
hint
どれが動《うご》きやすい
姿勢《しせい》か、じっさいに
構《かま》えてみましょう。

答《こた》えがわかったらページをめくってね

07の答《こた》え

▼ 2

少《すこ》し前《まえ》かがみでヒザをまげて構《かま》える

なんで

正《ただ》しい構《かま》えで動《うご》き出《だ》しを素早《すばや》く！

深《ふか》い前《まえ》かがみになったり、ヒザをのばしてまっすぐ立《た》ったりしていると、相手《あいて》が打《う》ってきたボールに反応《はんのう》して、素早《すばや》く動《うご》き出《だ》すことができません。正《ただ》しい構《かま》えは、頭《あたま》、背中《せなか》にある肩甲骨《けんこうこつ》、そして腰《こし》にある仙骨《せんこつ》、足《あし》の土踏《つちふ》まずをできるだけまっすぐにします。そして、ヒザと足首《あしくび》を少《すこ》しまげる形《かたち》が正《ただ》しい構《かま》えです。頭《あたま》からおしりまで、1本《ぽん》の棒《ぼう》が入《はい》っているイメージを持《も》つと、体《からだ》に軸《じく》をつくることができます。

PO!NT

ポイント①
頭《あたま》からおしりまで
1本《ぽん》の棒《ぼう》が入《はい》っている
イメージを持《も》つ
ポイント②
少《すこ》し前傾姿勢《ぜんけいしせい》
ポイント③
ヒジを90度《ど》にまげ
て、ヒジと体《からだ》の間《あいだ》に
こぶしが二《ふた》つくらい
入《はい》るようにあける
ポイント④
ヒザと足首《あしくび》を
やわらかくまげる
ポイント⑤
足《あし》を肩幅《かたはば》より
少《すこ》し広《ひろ》くひらく

後《うし》ろ
前《まえ》
肩甲骨《けんこうこつ》
仙骨《せんこつ》

フォアでボールを打《う》つときは体《からだ》の軸《じく》を□□させることが大切《たいせつ》！

問題《もんだい》 08

初級《しょきゅう》　中級　上級

正《ただ》しくボールを打《う》つために大事《だいじ》なことは？ □に漢字二文字《かんじふたもじ》を入《い》れてください

ヒント
hint

軸《じく》というのは30ページで説明《せつめい》した1本《ぽん》の棒《ぼう》のことです。その棒《ぼう》をイメージして、体《からだ》をどう動《うご》かせばいいでしょう？

答《こた》えがわかったらページをめくってね

08の答《こた》え ▶ フォアでボールを打《う》つときは体《からだ》の軸《じく》を回転《かいてん》させることが大切《たいせつ》！

なんで？

回転《かいてん》させると体全体《からだぜんたい》の力《ちから》を使《つか》える

構《かま》えでイメージした1本《ぽん》の棒《ぼう》を回転《かいてん》させるようにして打《う》ちましょう。ただし、腰《こし》を回転《かいてん》させると体全体《からだぜんたい》が動《うご》いて、床《ゆか》に踏《ふ》んばっている足《あし》まで浮《う》いてしまいます。

胸《むね》の少《すこ》し下《した》あたりを回転《かいてん》させるイメージでスイングすれば、床《ゆか》に踏《ふ》んばっている下半身《かはんしん》はそのままで、上半身《じょうはんしん》だけひねって打《う》つことができます。

前《まえ》から

▲▼下半身《かはんしん》で床《ゆか》に対《たい》して踏《ふ》んばりながら、上半身《じょうはんしん》をひねってラケットを引《ひ》く

▲▼体《からだ》の軸《じく》を回転《かいてん》させるイメージで前《まえ》へスイング

▲▼胸《むね》の下《した》で体《からだ》を回《かい》転《てん》させて上半身《じょうはんしん》をひねる

横《よこ》から

問題《もんだい》 09

初級《しょきゅう》

フォアで打《う》つときの正《ただ》しい重心《じゅうしん》はどれでしょう？

1 両足《りょうあし》に体重《たいじゅう》を乗《の》せる

2 左足《ひだりあし》から右足《みぎあし》に体重《たいじゅう》を移《うつ》す

3 右足《みぎあし》から左足《ひだりあし》に体重《たいじゅう》を移《うつ》す

ヒント hint

前《まえ》から飛《と》んでくるボールを打《う》つのに、一番力《いちばんちから》が入《はい》るのは？考《かんが》えてみましょう。

答《こた》えがわかったらページをめくってね

09の答《こた》え

3

右足《みぎあし》から左足《ひだりあし》に体重《たいじゅう》を移《うつ》す

なんで

体《からだ》のパワーが伝《つた》えられ、次《つぎ》の動作《どうさ》にもつなげやすい

フォアでボールを強《つよ》く打《う》ちたいときは右足《みぎあし》から左足《ひだりあし》へ、前《まえ》に向《む》かって体重《たいじゅう》を移動《いどう》させながら打《う》ったほうが、体全体《からだぜんたい》のパワーをボールに伝《つた》えられます。また、打《う》ったあとに重心《じゅうしん》が前《まえ》にあることで、打《う》ち返《かえ》されても次《つぎ》の動作《どうさ》へつなげやすい。右足《みぎあし》から左足《ひだりあし》への重心移動《じゅうしんいどう》は、フォアのきほんとしてとても大事《だいじ》なことです。

POINT

1時《じ》から3時《じ》を打《う》とう！

フォアで打《う》つときのきほんとして、ボールを浮《う》かさず、前進回転《ぜんしんかいてん》をかけるためにも、ボールの1時《じ》から3時《じ》くらいを打《う》つようにしましょう。

どうして1と2はダメなの？

NG! 両足《りょうあし》に体重《たいじゅう》を乗《の》せる

◀答《こた》えのところで説明《せつめい》したように、右足《みぎあし》から左足《ひだりあし》へと前《まえ》に体重《たいじゅう》を移《うつ》すことでパワーが生《う》まれます。両足《りょうあし》に体重《たいじゅう》が乗《の》ったまま打《う》つと、手《て》だけでスイングしてしまい、体全体《からだぜんたい》のパワーを打球《だきゅう》に伝《つた》えることができません

NG! 左足《ひだりあし》から右足《みぎあし》に体重《たいじゅう》を移《うつ》す

◀左足《ひだりあし》から右足《みぎあし》に体重《たいじゅう》を移《うつ》すと、前《まえ》に向《む》かってボールを打《う》っているのに、体《からだ》は後《うし》ろへとさがっているので力《ちから》が逃《に》げてしまいます。また、打《う》ったあとにカカトに体重《たいじゅう》が乗《の》るので、次《つぎ》の球《たま》への動《うご》き出《だ》しも遅《おそ》くなってしまいますね

トライ!

ラケットを使《つか》わない練習《れんしゅう》でリズムをやしなう

きほんのフォア打《う》ちがうまく続《つづ》かない場《ば》合《あい》、原因《げんいん》の一《ひと》つにリズムが悪《わる》いことが考《かんが》えられます。ラケットを早《はや》く引《ひ》きすぎてしまい、いつ力《ちから》を入《い》れていいのかわからない。そのような場合《ばあい》は、ラケットを持《も》たずに多《た》球練習《きゅうれんしゅう》を素手《すで》でやってみましょう。といっても、手《て》で打《う》つわけではなくボールをキャッチするだけ。ポイントは出《だ》されたボールと同《おな》じスピードで手《て》を後《うし》ろへ引《ひ》くことです。

▲ボールのスピードと一緒《いっしょ》に手《て》を引《ひ》く

▲多球練習《たきゅうれんしゅう》の要領《ようりょう》でボールを出《だ》してもらう

▲素手《すで》でボールをキャッチする

▲ボールと手《て》を引《ひ》くスピードを一緒《いっしょ》にすることで、ラケットを引《ひ》く感覚《かんかく》とリズムがやしなえる

▶多球練習《たきゅうれんしゅう》

たくさんのボールを使《つか》う、練習《れんしゅう》方法《ほうほう》の一《ひと》つ

問題《もんだい》 10

初級《しょきゅう》

バックハンドで打《う》つときの正《ただ》しい打点《だてん》はどこでしょう？

1 体《からだ》の左側《ひだりがわ》

2 おへその前《まえ》

3 体《からだ》の右側《みぎがわ》

ヒント
hint

どこで打《う》てば、一番力《いちばんちから》が入《はい》りやすそうですか？
わからなければスイングしてみましょう。

10の答え《こた》 ▼ 2

おへその前《まえ》

なんで

おへその前《まえ》が一番《いちばん》パワーが伝《つた》わるから

バックハンドがフォアハンドと異《こと》なる点《てん》は、大《おお》きな重心移動《じゅうしんいどう》がないこと。重心《じゅうしん》は体《からだ》の真《ま》ん中《なか》において、少《すこ》し左右《さゆう》へ動《うご》くくらいです。そして、大事《だいじ》なのはインパクトの位置《いち》。バックハンドではおへその前《まえ》でボールをとらえますが、体《からだ》に近《ちか》すぎると相手《あいて》側《がわ》へ押《お》すだけになってしまいます。しっかりとラケットを振《ふ》るためにも、ヒジとおなかをこぶし二《ふた》つ分《ぶん》くらいあけ、ヒジを前《まえ》にしっかりと出《だ》してスイングしましょう。

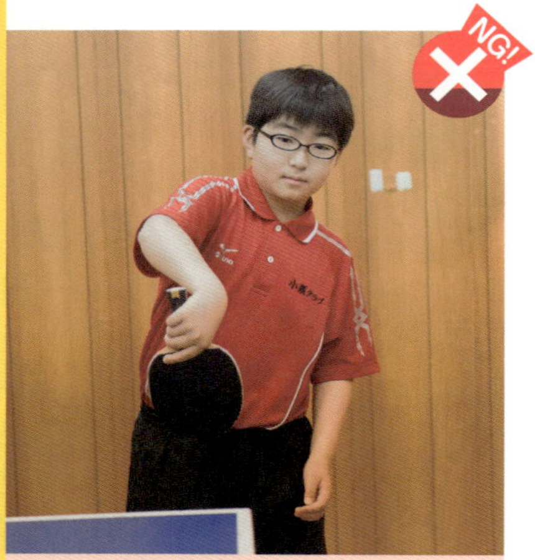

手首《てくび》をさげない

手首《てくび》を使《つか》えばボールに回転《かいてん》をかけやすくなりますが、きほんのバックハンドで手首《てくび》をさげると、力強《ちからづよ》いボールが打《う》てなくなってしまいます。また、手首《てくび》は弱《よわ》く、ケガをしやすいので注意《ちゅうい》しましょう。

どうして1と3はダメなの？

NG! 体《からだ》の左側《ひだりがわ》

NG! 体《からだ》の右側《みぎがわ》

▲バックハンドの場合《ばあい》、ボールを打《う》つ位置《いち》が体《からだ》の正面《しょうめん》から左右《さゆう》にずれてしまうと、体全体《からだぜんたい》の力《ちから》をしっかりとボールに伝《つた》えることができない。おへその前《まえ》で打《う》てていないということは、相手《あいて》の打《う》った球《たま》が飛《と》んでくる方向《ほうこう》を判断《はんだん》できていない、またはフットワークを使《つか》って動《うご》けていないということだ

NG! 体《からだ》に近《ちか》すぎる&遠《とお》すぎる

▲答《こた》えのところでも説明《せつめい》したように、体《からだ》に近《ちか》いところで打《う》つのは、ボールを押《お》すだけになってしまうので NG。また、体《からだ》から離《はな》れすぎていても、しっかりと力《ちから》を伝《つた》えることができないので、ヒジと体《からだ》をこぶし二《ふた》つ分《ぶん》くらいあけて打《う》とう

トライ！

鏡《かがみ》の前《まえ》で素振《すぶ》りをして、
フォームをチェック！

フォアとバックのきほんがわかったら、鏡《かがみ》に自分《じぶん》の姿《すがた》を写《うつ》して、素振《すぶ》りをしてみましょう。正《ただ》しい構《かま》えができているか、フォアとバックのスイングが問題《もんだい》09や問題《もんだい》10で紹介《しょうかい》したNGのようになっていないか、などをチェックしてみてください。

チェック項目《こうもく》

構《かま》え

□ 頭《あたま》からおしりまで1本《ぽん》の棒《ぼう》が入《はい》っているように、体《からだ》がまっすぐになっているか

□ 少《すこ》し前傾姿勢《ぜんけいしせい》でヒザと足首《あしくび》はまがっているか

□ ヒジがまがって体《からだ》との間《あいだ》にこぶし二《ふた》つ分《ぶん》の空間《くうかん》があるか

□ 足幅《あしはば》は、肩幅《かたはば》か肩幅《かたはば》より少《すこ》し広《ひろ》くなっているか

スイング

□ 重心移動《じゅうしんいどう》はしっかりとできているか

□ 体《からだ》の回転《かいてん》を使《つか》ってスイングできているか（フォア）

□ 打点《だてん》がおへその前《まえ》になっているか（バック）

□ 顔《かお》が常《つね》に正面《しょうめん》を向《む》いているか

□ 頭《あたま》が動《うご》いていないか

問題《もんだい》 11

初級《しょきゅう》 中級 上級

コートの端《はし》に打《う》たれると届《とど》きません。どうすればいいでしょう？ □にカタカナを入《い》れてください

【問題文《もんだいぶん》】

コートの端《はし》にボールを打《う》たれたときは、
□□□□□□を使《つか》って移動《いどう》すれば、
しっかりとした打点《だてん》で
ボールを打《う》つことができます。

おっとっと
届《とど》かない～

ヒント hint

卓球《たっきゅう》だけに使《つか》われる言葉《ことば》ではありません。
スポーツで足運《あしはこ》びをすることをなんというでしょう。

答《こた》えがわかったらページをめくってね

11の答《こた》え ▼ フットワーク

なんで

フットワークを使《つか》えば打球位置《だきゅういち》まで移動《いどう》できるから

手《て》だけをのばして打《う》っても、しっかりとした打球《だきゅう》にはなりません。ボールが飛《と》んでくる場所《ばしょ》に体《からだ》ごと移動《いどう》することが大切《たいせつ》です。その移動《いどう》に使《つか》うのがフットワーク。卓球《たっきゅう》のきほんとなる「2歩動《ほどう》」のフットワークは、左《ひだり》に進《すす》むのであれば左足《ひだりあし》に重心《じゅうしん》をのせてから右足《みぎあし》を左足《ひだりあし》に近《ちか》づけ、左足《ひだりあし》を出《だ》していきます。右《みぎ》に進《すす》むのであれば、左足《ひだりあし》からになります。ただし、1歩《ぽ》1歩動《ぽうご》かすのではなく、軽《かる》くジャンプしながら、ほぼ同時《どうじ》に両足《りょうあし》を動《うご》かす意識《いしき》を持《も》ちましょう。

2歩動《ほどう》のフットワーク

▲フォア側《がわ》からバック側《がわ》へ移動《いどう》していく

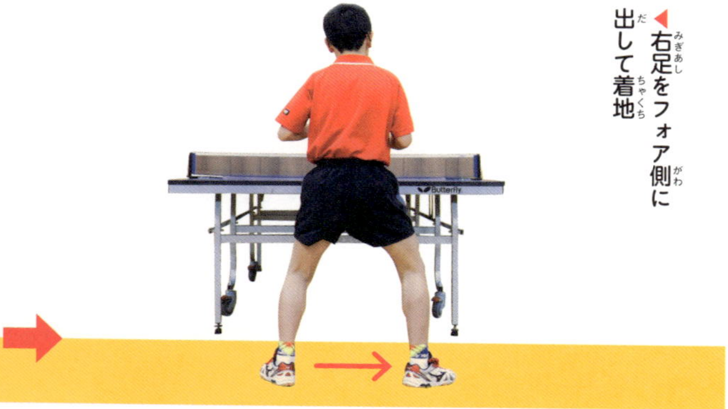

▲右足《みぎあし》をフォア側《がわ》に出《だ》して着地《ちゃくち》

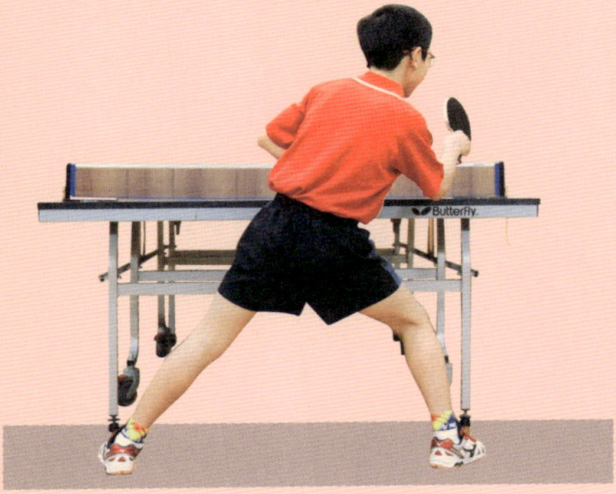

NG!

フォア側《がわ》、もしくはバック側《がわ》へと移動《いどう》するとき、進《すす》みたい方向《ほうこう》の足《あし》だけを動《うご》かしてしまうのはNGです。2歩動《ほどう》のフットワークでは足《あし》を同《おな》じ幅《はば》に保《たも》ったまま動《うご》くことで、軸《じく》がずれにくくなりますが、片足《かたあし》だけ動《うご》かして足《あし》が広《ひろ》がってしまうと、軸《じく》や重心《じゅうしん》の位置《いち》が崩《くず》れてしまいます。

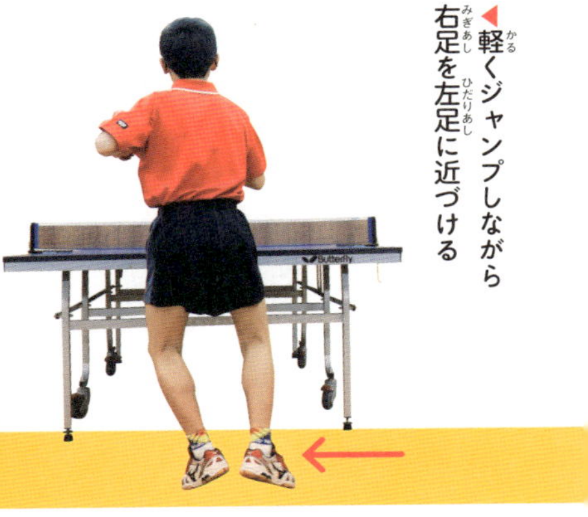

▲軽《かる》くジャンプしながら右足《みぎあし》を左足《ひだりあし》に近づける

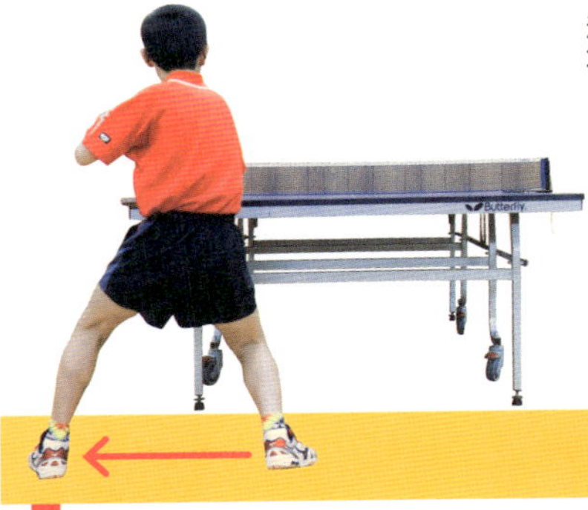

▲左足《ひだりあし》をバック側《がわ》に出《だ》して着地《ちゃくち》

▲バック側《がわ》での打球後《だきゅうご》、フォア側《がわ》へ移動《いどう》

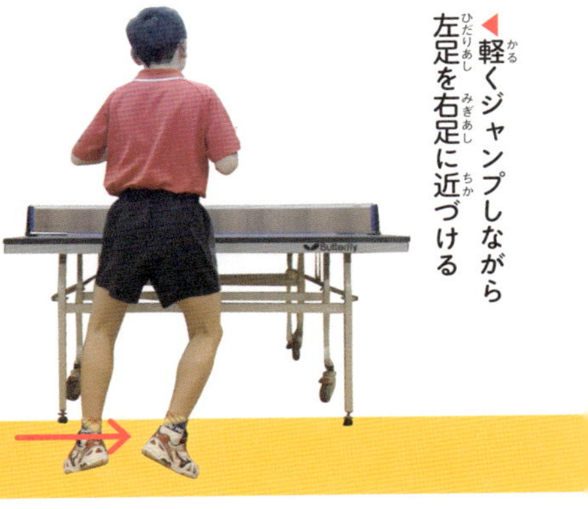

▲軽《かる》くジャンプしながら左足《ひだりあし》を右足《みぎあし》に近《ちか》づける

トライ！

フットワークを強化《きょうか》！ ボール運《はこ》び

2歩動《ほどう》の動《うご》きかたが理解《りかい》できたら、かんたんな練習《れんしゅう》で身《み》につけていきましょう。台《だい》のタテを使《つか》って、両端《りょうはし》にカゴを置《お》きます。片側《かたがわ》のカゴのなかにボールを置《お》いて（緑《みどり》のカゴ)、それを一《ひと》つずつ逆側《ぎゃくがわ》へ運《はこ》んでいきましょう(赤《あか》のカゴ)。そのとき、2歩動《ほどう》のフットワークを使《つか》って移動《いどう》してください。カゴに決《き》まった数《かず》のボールを置《お》き、台《だい》の両《りょう》サイドを使《つか》って友《とも》だちと競争《きょうそう》してみてもよいでしょう。

やりかた

片側《かたがわ》のカゴに10〜20個程《こてい》度《ど》ボールを入《い》れて、2歩動《ほどう》を使《つか》いながら1個《こ》ずつ逆《ぎゃく》サイドへと運《はこ》ぶ

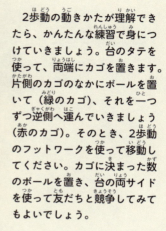

問題《もんだい》
12
中級《ちゅうきゅう》

スマッシュを打《う》つときは、いつ力《ちから》を入《い》れるのがよいでしょうか？

1
スイングのはじめ

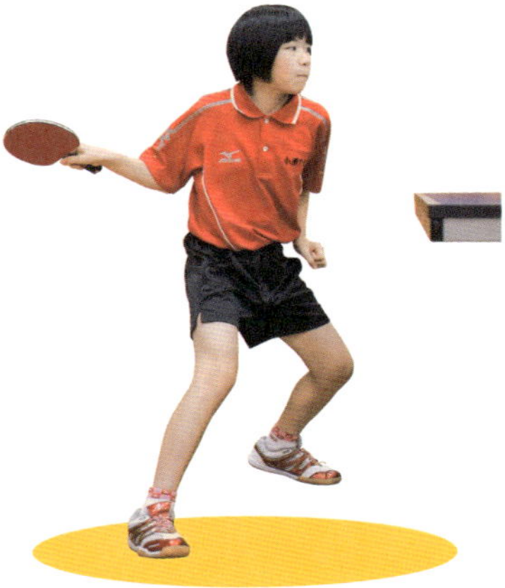

2
ボールがあたるとき

3
スイングのおわり

ヒント
hint

どのタイミングで力《ちから》を入《い》れれば、ボールにパワーが伝《つた》わるかをよく考《かんが》えましょう。

 答《こた》えがわかったらページをめくってね

12の答《こた》え ▶ 2 ボールがあたるとき

なんで

ボールをはじくように鋭《するど》く打《う》つショットだから

スマッシュはボールをはじくようにして、鋭《するど》く速《はや》い球《たま》を打《う》つショットです。ボールがあたるまでは力《ちから》を抜《ぬ》いておき、ボールがあたる瞬間《しゅんかん》に力《ちから》を入《い》れて打《う》ちましょう。問題《もんだい》09のフォアハンドのきほんでも説明《せつめい》したように、右足《みぎあし》から左足《ひだりあし》への重心移動《じゅうしんいどう》も大切《たいせつ》です。スマッシュの場《ば》合《あい》、右足《みぎあし》を少《すこ》しさげた状態《じょうたい》から重心移動《じゅうしんいどう》をすると、フォームが大《おお》きくなり、しっかりと体《からだ》をひねって前《まえ》に踏《ふ》みこみながら打《う》つことができます。

どうして 1と3はダメなの？

NG! スイングのはじめ

スイングのはじめのほうで力《ちから》を入《い》れると、ボールがあたるまでずっと力《ちから》が入《はい》ってしまいます。そうなると、ボールとラケットがあたっている時間《じかん》が長《なが》くなり、はじくように鋭《するど》くではなく、ボールを押《お》すようなあたりかたをして、スマッシュになりません。

NG! スイングのおわり

スイングのおわりということは、ラケットとボールがあたったあとになりますね。ボールを打《う》ったあとに力《ちから》を入《い》れても、ボールにパワーは伝《つた》わらないので、意味《いみ》がありません。

横《よこ》から

前《まえ》から

◀右足《みぎあし》を左足《ひだりあし》よりさげてフォームを大《おお》きくする

◀ラケットを引《ひ》き、右足《みぎあし》にしっかりと体重《たいじゅう》を乗《の》せる

◀右足《みぎあし》から左足《ひだりあし》に重心《じゅうしん》を移《うつ》しながらスイング。ボールがあたる瞬間《しゅんかん》に力《ちから》を入《い》れてはじくように打《う》つ

◀体《からだ》を回転《かいてん》させて、上半身《じょうはんしん》をひねる

POINT

ネットからボール二《ふた》つ分上《ぶんうえ》をねらおう

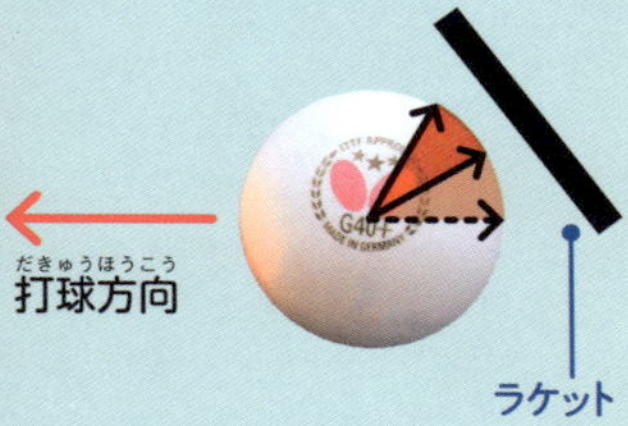

スマッシュははじくように鋭《するど》く打《う》つため、台《だい》からオーバーしたり、ネットにかかってしまったりとミスになりやすいショットです。強《つよ》く打《う》ちたいとあせらず、ネットからボール二《ふた》つ分上《ぶんうえ》をねらうといいでしょう。また、胸《むね》よりも高《たか》いボールを打《う》つときはボールの1時《じ》から2時《じ》を、胸《むね》の高《たか》さと同《おな》じくらいのボールなら3時《じ》をはじくように打《う》つといいですね。

NG! 重心移動《じゅうしんいどう》で体《からだ》をひねろう

ラケットを後《うし》ろに引《ひ》いたとき、手《て》だけが後《うし》ろにいって体《からだ》が正面《しょうめん》を向《む》いたままでは、重心移動《じゅうしんいどう》による体《からだ》のひねりを使《つか》えません。右足《みぎあし》を少《すこ》しさげた状態《じょうたい》から、しっかりと重《じゅう》心移動《しんいどう》をして体《からだ》をひねりましょう。

◀体《からだ》が正面《しょうめん》を向《む》いたままでは、体《からだ》をひねることができない

問題《もんだい》 13
中級《ちゅうきゅう》

打《う》った球《たま》がまっすぐ飛《と》んでいきませんでした。どうしてでしょう？

あれれ？ラケットの面《めん》は
ちゃんと前《まえ》を向《む》いているのにな～？

Butterfly

ヒント
hint

まっすぐあてたのに、ちがう方向《ほうこう》へ飛《と》んでしまったということは、相手《あいて》がボールに何《なに》かをしていたからですね。何《なに》をしたのか考《かんが》えてみましょう。

答《こた》えがわかったらページをめくってね

13の答《こた》え

▼ボールに回転《かいてん》がかかっていたから

回転《かいてん》のかかりかたも
見《み》ないと
いけないいんだ!

サーバーから見《み》ると
前進《ぜんしん》（上《うえ》）回転《かいてん》
右横上回転《みぎよこうえかいてん》
左横上回転《ひだりよこうえかいてん》
右横回転《みぎよこかいてん》
左横回転《ひだりよこかいてん》
右横下回転《みぎよこしたかいてん》
左横下回転《ひだりよこしたかいてん》
下回転《したかいてん》

なんで

回転《かいてん》のかかったボールには合《あ》わせかたがある

ボールに回転《かいてん》がかかっていると、ただまっすぐラケットをあてただけでは、うまく打《う》ち返《かえ》すことはできません。卓球《たっきゅう》は上達《じょうたつ》してくるほど、回《かい》転《てん》がかかったボールを打《う》つことが多《おお》くなります。回転《かいてん》はかけかた（打《う》ちかた）によって無数《むすう》にあるのですが、きほんとなるのは前進《ぜんしん》（上《うえ》）回転《かいてん》、下回転《したかいてん》、右横回転《みぎよこかいてん》、左横回転《ひだりよこかいてん》の４つです。これに加《くわ》えてななめ方向《ほうこう》もありますが、まずはきほんの回転《かいてん》の仕組《しく》みを理解《りかい》していきましょう。

▶サーブでは回転《かいてん》をかけてくることが多《おお》い。返《かえ》せるようになるためにも回転《かいてん》の仕組《しく》みを理《り》解《かい》しよう

問題《もんだい》 14

中級《ちゅうきゅう》

回転《かいてん》のかかったボールにラケットをまっすぐあてたら、いろんな方向《ほうこう》に飛《と》んでいきました。1～4はそれぞれ相手《あいて》がどんな回転《かいてん》をかけていたのでしょう？

1 ボールが高《たか》くあがった

2 ボールが下《した》に落《お》ちた

3 ボールが右《みぎ》に飛《と》んでいった

4 ボールが左《ひだり》に飛《と》んでいった

\ヒント/
hint

ボールのきほん的《てき》な回転《かいてん》は問題《もんだい》13に書《か》いてあります。飛《と》んでいった方向《ほうこう》から回転《かいてん》を予想《よそう》してみましょう。

14の答《こた》え ▶

1 前進回転《ぜんしんかいてん》

2 下回転《したかいてん》

3 右横回転《みぎよこかいてん》

4 左横回転《ひだりよこかいてん》

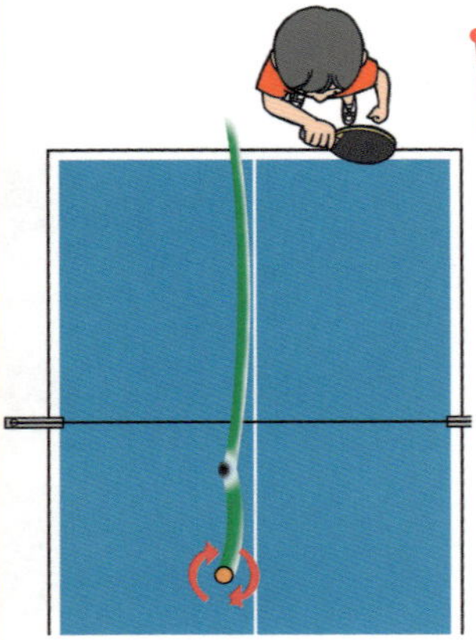

3 右横回転《みぎよこかいてん》

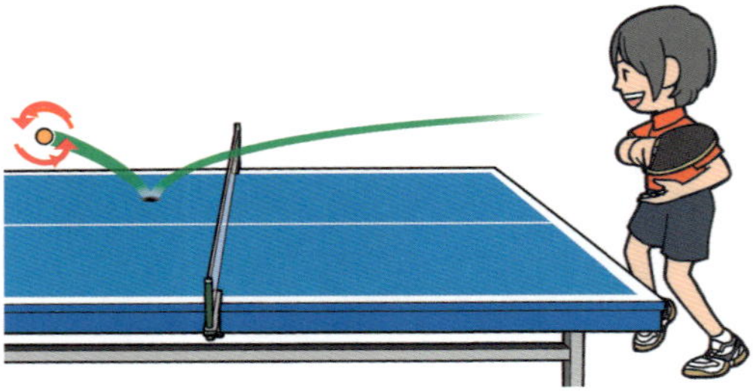

1 前進回転《ぜんしんかいてん》

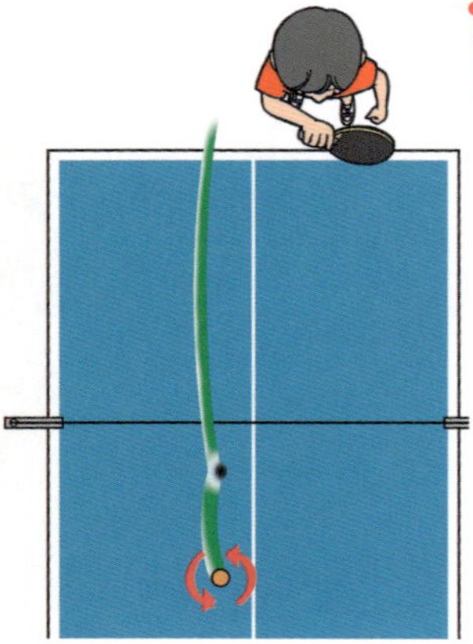

4 左横回転《ひだりよこかいてん》

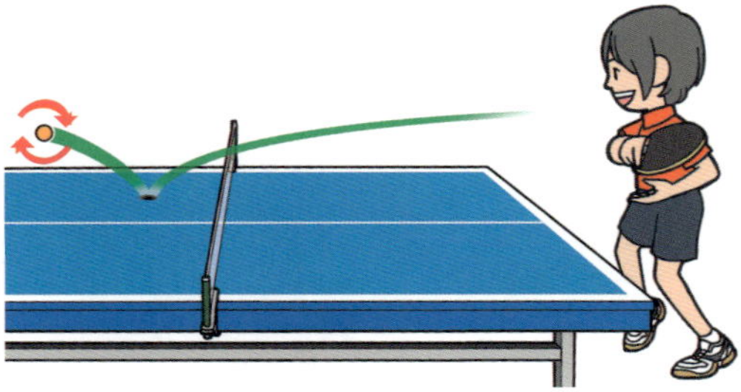

2 下回転《したかいてん》

PO!NT

ラケットに角度《かくど》をつけて打《う》とう

回転《かいてん》のかかったボールを正《ただ》しく返《かえ》すためには、ラケットに角度《かくど》をつけて打《う》つ必要《ひつよう》があります。(角度《かくど》は問題《もんだい》15から説明《せつめい》します)

問題《もんだい》 15
中級《ちゅうきゅう》

下回転《したかいてん》を返《かえ》すときの正《ただ》しい角度《かくど》はどれでしょう？

1 ラケットを上《うえ》に向《む》ける

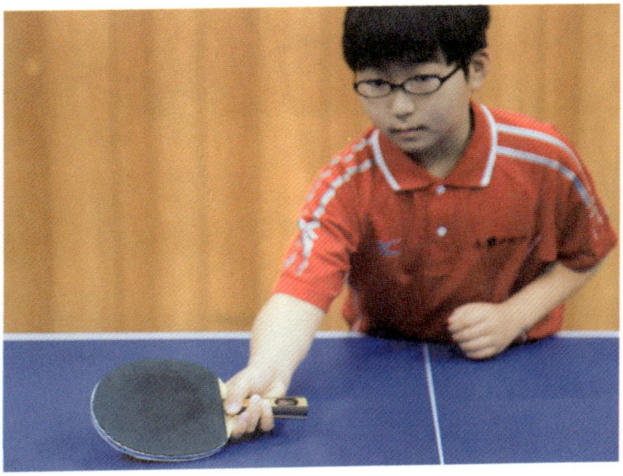

2 ラケットを正面《しょうめん》に向《む》ける

3 ラケットを下《した》に向《む》ける

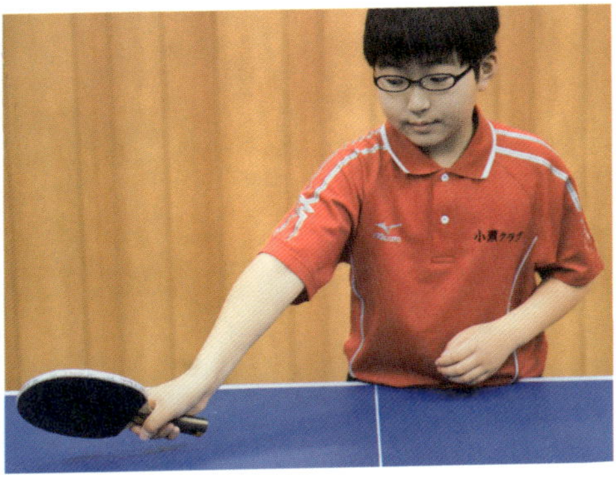

ヒント
hint

下回転《したかいてん》の球《たま》にまっすぐあてたらどうなっていたでしょう。問題《もんだい》14を読《よ》み返《かえ》して考《かんが》えてみよう。

答《こた》えがわかったらページをめくってね

15の答《こた》え

▼ 1

ラケットを上《うえ》に向《む》ける

なんで

下回転《したかいてん》の球《たま》はボールが下《した》に飛《と》ぶから

下回転《したかいてん》の球《たま》はボールが下《した》に飛《と》んでしまうので、ラケットを上《うえ》に向《む》けましょう。そして、下回転《したかいてん》のボールには、同《おな》じ下回転《したかいてん》で返《かえ》すほうが打球《だきゅう》は安定《あんてい》します。その代表的《だいひょうてき》なショットがツッツキです。ツッツキはラケットを上《うえ》に向《む》けて、ボールがバウンドした直後《ちょくご》か、頂点《ちょうてん》より少《すこ》し落《お》ちてきたところをねらって、ボールの下《した》を打《う》つのがよいでしょう。うまくなったら、ツッツキでチャンスをつくって、攻撃《こうげき》につなげていってください。

ラケットをボールに合《あ》わせにいく

ツッツキをフォアハンドで打《う》つ場合《ばあい》、バウンドした直後《ちょくご》をとらえるためには、スイングするときヒジから先《さき》に出《だ》さないように注意《ちゅうい》してください。ヒジから先《さき》に出《だ》すと打点《だてん》が遅《おそ》くなってしまい、スイングに余計《よけい》な力《ちから》が加《くわ》わってミスになりやすくなります。ラケットは振《ふ》るというよりもボールに合《あ》わせにいくイメージが大切《たいせつ》です。

◀バウンド直後《ちょくご》のボールにラケットを合《あ》わせにいくイメージで打《う》つ

◀ヒジから先《さき》に出《だ》してスイングすると余計《よけい》な力《ちから》が加《くわ》わってしまう

バック

フォア

◀バックスイングを大《おお》きく取《と》らず、右足《みぎあし》をボールに向《む》けて踏《ふ》みこんで、目線《めせん》と体《からだ》を近《ちか》づける

◀バウンド直後《ちょくご》のボールにラケットを合《あ》わせにいくイメージ

◀ボールをラケットの上《うえ》で転《ころ》がすように打《う》って下回転《したかいてん》をかける

◀打《う》ちたい方向《ほうこう》にフォロースルーをとる

PO!NT

ツッツキを上手《じょうず》に打《う》つ方法《ほうほう》

▲ラケット面《めん》の上《うえ》でボールを転《ころ》がして、下回転《したかいてん》をかけるイメージを持《も》とう

ラケット面《めん》で ボールを転《ころ》がす

ツッツキは、ボールをポンッとはじくように打《う》ってしまうと、回転《かいてん》がかからずツッツキにはなりません。ボールとラケットがあたるときに、ボールをラケットの上《うえ》で転《ころ》がすイメージで打《う》ちましょう。そうするとボールに下回転《したかいてん》がかかり、よいツッツキを打《う》つことができます。

ボールに向《む》けて右足《みぎあし》を出《だ》そう

ツッツキを打《う》つときは、フォアでもバックでも、右足《みぎあし》をボールの方向《ほうこう》に向《む》けて出《だ》していきましょう。ただし、バックサイドにきたボールを、バックハンドでツッツキをするときは、左足《ひだりあし》を出《だ》して打《う》つこともあります。

◀ボールに向《む》けて右足《みぎあし》を出《だ》して打《う》つのがきほん

◀足《あし》を出《だ》して目線《めせん》を打点《だてん》に近《ちか》づけている

◀手《て》と体《からだ》が離《はな》れている

▲手《て》と体《からだ》が離《はな》れていると、打球《だきゅう》が安定《あんてい》しない。フォアでもバックでも、しっかりと足《あし》を出《だ》して、打点《だてん》と目線《めせん》を近《ちか》づけよう

問題《もんだい》16 上級《じょうきゅう》

下回転《したかいてん》のボールを攻撃的《こうげきてき》に返《かえ》す打《う》ちかたはなんでしょう?

ヒント hint

裏《うら》ソフトラバーを使《つか》う選手《せんしゅ》がよく用《もち》いる打《う》ちかた。わからない人《ひと》は問題《もんだい》06を読《よ》み返《かえ》してみましょう。戦型《せんがた》にヒントがあります。

16の答《こた》え ▶ ドライブ

なんで

ドライブは得点《とくてん》にもつながりやすいから

ドライブとは、前進回転《ぜんしんかいてん》を強《つよ》くかける打《う》ちかたです。下回転《したかいてん》で返《かえ》すツッツキよりも攻撃的《こうげきてき》な打球《だきゅう》になるので、得点《とくてん》にもつながりやすいといった特徴《とくちょう》があります。また、ドライブには大《おお》きく分《わ》けると下回《したかい》転《てん》に対《たい》して打《う》つドライブと、前進回転《ぜんしんかいてん》に対《たい》して打《う》つドライブの二《ふた》つがあります。まずは下回転《したかいてん》をドライブする感覚《かんかく》をつかみ、そのあとで前進回転《ぜんしんかいてん》に対《たい》して打《う》つドライブに挑戦《ちょうせん》するとよいでしょう。

4～5時《じ》から1～2時《じ》にこすりあげる

フォアドライブのポイントは、スマッシュよりもヒザと足首《あしくび》をしっかりまげて、体《からだ》のひねりを生《い》かしたスイングをすること。また、手首《てくび》をやわらかくしておいて、打《う》つときだけ力《ちから》を入《い》れると回転《かいてん》がかかりやすくなります。そのとき、ラケットはボールの時計《とけい》でいう4～5時《じ》から１～２時《じ》の方向《ほうこう》にこすりあげるイメージです。バックスイングでラケット面《めん》が下《した》を向《む》いていると、うまく打《う》つことができません。

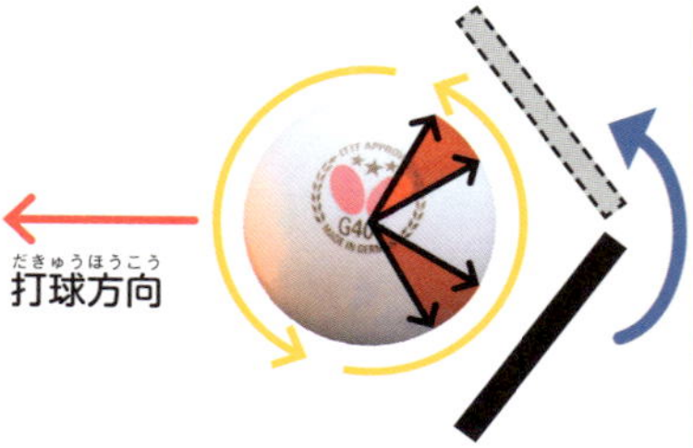

▲ボールの４～５時《じ》から１～２時方向《じほうこう》に向《む》けて、ラケットでこすりあげる

◀バックスイングでラケットが下《した》を向《む》いていたり、ヒザがのびていたりすると４～５時《じ》からボールをこすりあげることができない

下回転《したかいてん》に対《たい》するフォアドライブ

横《よこ》から

前《まえ》から

◀ボールにあたるまでは力《ちから》を入《い》れず、手首《てくび》をやわらかくしておく

◀体《からだ》のひねりが使《つか》えるように、ヒザと足首《あしくび》をしっかりまげ、右足《みぎあし》に体重《たいじゅう》をのせる

◀ボールを4～5時《じ》から1～2時《じ》の方向《ほうこう》へこすりあげる

◀左足《ひだりあし》へ重心《じゅうしん》を移《うつ》し、体《からだ》をひねりながら打《う》つことで回《かい》転《てん》やパワーが増《ま》す

下回転《したかいてん》に対《たい》するバックハンドドライブ

横《よこ》から

ヒジを中心《ちゅうしん》とした スイングで回転《かいてん》をかける

バックハンドドライブを下回転《したかいてん》に対《たい》して打《う》つ場合《ばあい》も、フォアと同《おな》じでヒザや足首《あしくび》といった下半身《かはんしん》をまげたほうが力《ちから》は入《はい》りやすくなります。ボールの4～5時《じ》から1～2時方向《じほうこう》へこすりあげるのも同《おな》じです。ヒジと体《からだ》の間《あいだ》にこぶし二《ふた》つ分《ぶん》のスペースをつくって、ヒジを中心《ちゅうしん》とした前腕《ぜんわん》（ヒジから先）のスイングで、腕《うで》をムチのように使《つか》ってボールに回転《かいてん》をかけていきましょう。

POINT

上半身《じょうはんしん》の力《ちから》も 使《つか》って打《う》つ

きほんのバックハンドと違《ちが》い、バックドライブは上半身《じょうはんしん》の力《ちから》も使《つか》って打《う》つため、ラケットを引《ひ》いたときにおなかも少《すこ》し引《ひ》っ込《こ》めるようにしましょう。そして、打《う》つときには腹《ふっ》筋《きん》と背筋《はいきん》の力《ちから》を使《つか》って体《からだ》を少《すこ》しだけ反《そ》らすようなイメージです。

▲おなかを引《ひ》っ込《こ》めるようにして力《ちから》をためる

▲打《う》つときに、腹筋《ふっきん》と背筋《はいきん》の力《ちから》を使《つか》う

問題《もんだい》 17

上級《じょうきゅう》

中級

上《うえ》回転《かいてん》のボールをドライブで返《かえ》す場合《ばあい》、ボールのどこを打《う》つのが正《ただ》しいでしょうか？

1 ボールの４〜５時《じ》から
１〜２時《じ》に向《む》けてこすりあげる

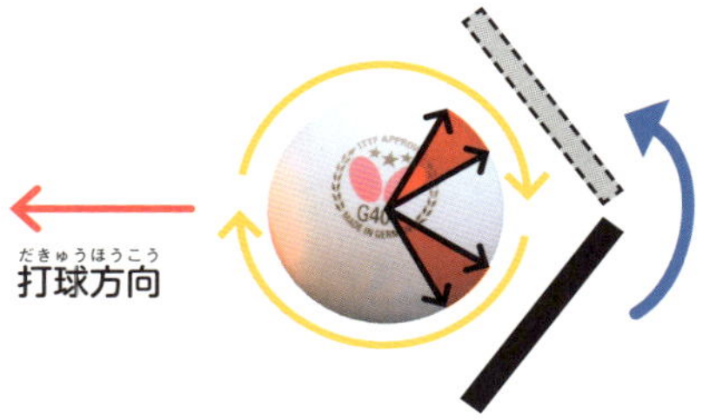

2 ボールの３時《じ》を強《つよ》くたたく

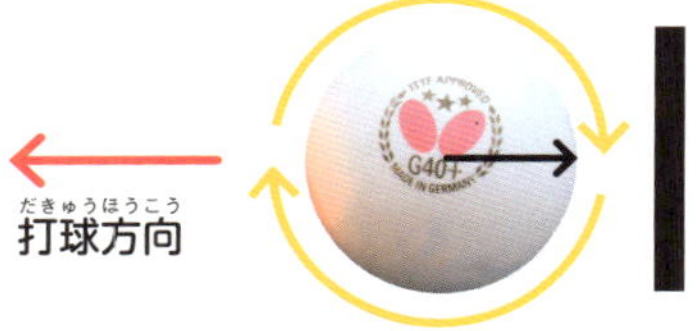

3 ボールの２時《じ》から
12時《じ》に向《む》けてこする

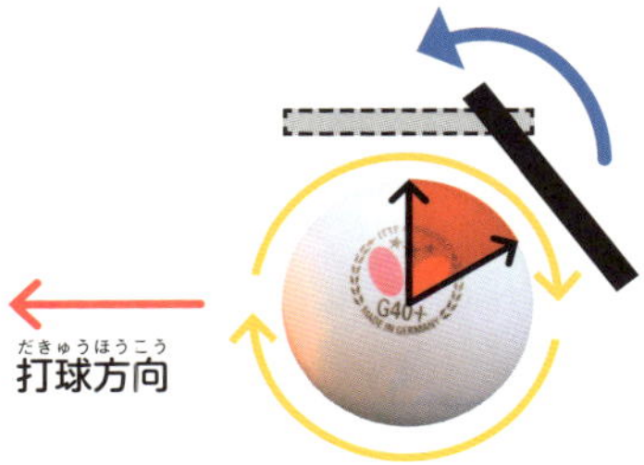

＼ヒント／
hint

上回転《うえかいてん》のボールにまっすぐあてると、ボールはどのように飛《と》んだでしょう。問題《もんだい》14を読《よ》みなおして、ミスにならない打《う》ちかたを考《かんが》えてみましょう。

答《こた》えがわかったらページをめくってね

17の答《こた》え ▶ 3 ボールの2時《じ》から12時《じ》に向《む》けてこする

なんで

前進回転《ぜんしんかいてん》をかけてボールが浮《う》かないようにするため

問題《もんだい》14で説明《せつめい》したように、前進回転《ぜんしんかいてん》のボールを🚩2のようにまっすぐあてるとボールは上《うえ》へ山《やま》なりに飛《と》んでしまいます。同《おな》じように🚩1もラケット面《めん》が上《うえ》を向《む》いているわけですから、ボールは上《うえ》に飛《と》んでしまいますね。ボールを低《ひく》く前《まえ》に飛《と》ばし、前進回《ぜんしんかい》転《てん》をかけてドライブを打《う》つためには、2時《じ》から12時《じ》に向《む》けてこすっていくことが大切《たいせつ》です。

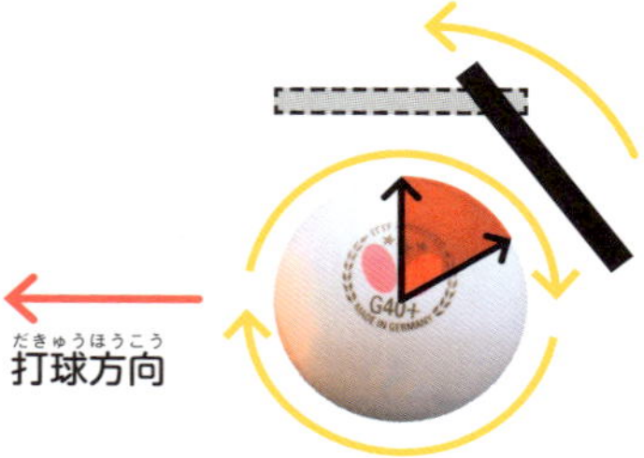

ラリーのリズムに注意《ちゅうい》して、バックスイングを大《おお》きく取《と》りすぎる

ラケット面《めん》の角度《かくど》やこすりかたは、下回転《したかいてん》に対《たい》するドライブとちがいますが、ドライブを打《う》つためのきほん的《てき》なポイントは同《おな》じです。ただし、下回転《したかいてん》に対《たい》してドライブを打《う》つ場合《ばあい》は、相《あい》手《て》のボールが遅《おそ》いのでリズムもゆっくりですが、相手《あいて》が上回転《うえかいてん》を打《う》ってきたときにはラリーのリズムが早《はや》くなるので注意《ちゅうい》しましょう。バックスイングでラケットを引《ひ》きすぎず、さげすぎない（打球《だきゅう》の頂点《ちょうてん》を目安《めやす》に）ようにして、ボールのこする位置《いち》に気《き》をつけてください。

手首《てくび》がさがっている

ラケットが下《した》を向《む》いて手首《てくび》がさがっていると、手首《てくび》がやわらかく使《つか》えず、上手《じょうず》に回転《かいてん》がかけられない

前進回転《ぜんしんかいてん》に対《たい》するドライブ

バック

フォア

◀バックスイングを大《おお》きく引《ひ》きすぎず、手首《てくび》をやわらかくしておく

◀体《からだ》全体《ぜんたい》の力《ちから》が使《つか》えるように、ヒザと足首《あしくび》をしっかりまげる

◀ボールの2時《じ》から12時《じ》に向《む》けてこする

◀フォアでは重心《じゅうしん》移動《いどう》を、バックでは上半身《じょうはんしん》の力《ちから》を使《つか》って打《う》つ

トライ!

バックハンドドライブの感覚《かんかく》をつかもう

ラバー投《な》げ

Nittaku

　バックハンドドライブのスイング感覚《かんかく》は、ラバー投《な》げの練習《れんしゅう》でやしなうことができます。ポイントは実際《じっさい》に打《う》つときと同《おな》じで、ヒジと体《からだ》の間《あいだ》にこぶし二《ふた》つ分《ぶん》の空間《くうかん》をあけて、バックスイングをしてヒジを中心《ちゅうしん》に腕《うで》がムチのようにしなるイメージでスイング。手《て》だけで投《な》げないように、しっかりとヒザと足首《あしくび》も使《つか》って投《な》げてください。ラバーがカーブしたりせず、まっすぐに飛《と》ばせるようになればOKです。古《ふる》くなって使《つか》わなくなったラバーやフリスビーでやってみましょう。

手前《てまえ》で網《あみ》を
持《も》っている選手《せんしゅ》が
ラバーをキャッチするよ

問題《もんだい》 18

上級《じょうきゅう》 中級

**相手《あいて》が強打《きょうだ》してきたときの返《かえ》しかたには
ブロックがあります。
ブロックの正《ただ》しい力《ちから》の入《い》れかたの
イメージはどれでしょう？**

1 野球《やきゅう》のバント

2 テニスのスマッシュ

3 ドッジボールのキャッチ

ヒント
hint

相手《あいて》の強打《きょうだ》を受《う》け止《と》めながらも、相手《あいて》に返《かえ》す
イメージはどれが近《ちか》いか考《かんが》えてみましょう。

答《こた》えがわかったらページをめくってね

18の答《こた》え ▶ 1 野球《やきゅう》のバント

なんで

相手《あいて》の打球《だきゅう》の威力《いりょく》を利用《りよう》して打《う》つショットだから

　ブロックは、相手《あいて》がスマッシュやドライブなどで強打《きょうだ》してきた場面《ばめん》で使《つか》います。相手《あいて》の打球《だきゅう》の威力《いりょく》を利用《りよう》して、自分《じぶん》からは力《ちから》を加《くわ》えすぎずにボールの方向《ほうこう》を変《か》えてあげるイメージです。そのため、バックスイングを小《ちい》さくして、ボールに力《ちから》が伝《つわ》わりすぎないようにしてください。

体《からだ》を反《そ》らすと打球《だきゅう》が安定《あんてい》しない

　自分《じぶん》からはあまり力《ちから》を加《くわ》えないといっても、体《からだ》を反《そ》らしてラケットを前《まえ》に出《だ》し、ボールに合《あ》わせるだけではよくありません。打球《だきゅう》が安定《あんてい》せず、思《おも》ったコースに打《う》てなかったり、ミスにつながったりしてしまいます。ラケットをボールと一緒《いっしょ》に引《ひ》くイメージで、方向転換《ほうこうてんかん》するようにあてていきましょう。

▶体《からだ》を反《そ》らすと打球《だきゅう》が安定《あんてい》しない

フォアブロック

横《よこ》から

前《まえ》から

◀バックスイングはほとんど取《と》らなくても OK。特《とく》にフォアはバックスイングが大《おお》きくなりがちなので注意《ちゅうい》

◀相手《あいて》の打球《だきゅう》の威《い》力《りょく》を利用《りよう》するため自分《じぶん》から大《おお》きな力《ちから》は加《くわ》えない

◀あまり力《ちから》を加《くわ》えず、方向《ほうこう》を変《か》えてあげるイメージ

◀なれてきたら相《あい》手《て》にわざと強打《きょうだ》させ、ブロックから攻撃《こうげき》につなげていこう

バックブロック

横《よこ》から

前《まえ》から

◀バックスイングは小《ちい》さく。ほとんど取《と》らなくてもよい

◀体《からだ》を反《そ》らさないように気《き》をつけて、体《からだ》の正面《しょうめん》でボールをとらえる

◀コースを変《か》えてあげる程度《ていど》で、強《つよ》い力《ちから》は加《くわ》えない

◀相手《あいて》が打《う》ってきた場所《ばしょ》とはちがうコースに返《かえ》すとチャンスが生《う》まれやすい

第《だい》3章《しょう》

サービス＆レシーブをおぼえよう

卓球《たっきゅう》がたのしくなる 藤《ふじ》井《い》寛《ひろ》子《こ》のステップアップアドバイス③

回転《かいてん》は壁《かべ》であり、おもしろさ！

　この章《しょう》では本格的《ほんかくてき》に回転《かいてん》をかけたり、どのように返《かえ》すかといった話《はな》しができますが、私《わたし》が考《かんが》える卓球《たっきゅう》の一番《いちばん》の魅力《みりょく》はその〝回転《かいてん》〟です。

　練習《れんしゅう》をしてラリーが50本《ぼん》、１００本《ぼん》と続《つづ》くようになり、上達《じょうたつ》してきたと思《おも》っても、上級者《じょうきゅうしゃ》に強《つよ》い回転《かいてん》のサービスをだされたら１本《ぼん》も返球《へんきゅう》できない、ということはよくあります。しかし、そこで「おもしろくない」とは思《おも》わないでほしいのです。回転《かいてん》という壁《かべ》を、「強《つよ》くなるチャンス」だと思《おも》ってください。

　回転《かいてん》の仕組《しく》みを知《し》れば、回転《かいてん》は怖《こわ》くありません。ぜひ、卓球《たっきゅう》の醍醐味《だいごみ》である回転《かいてん》にワクワクしましょう。

問題《もんだい》19

初級《しょきゅう》

サービスを打《う》つ位置《いち》でまちがっているのはどれでしょう？

1 台《だい》より前《まえ》に出《で》て横《よこ》から打《う》つ

2 台《だい》の後《うし》ろで打《う》つ

3 台《だい》から後《うし》ろに離《はな》れて打《う》つ

ヒント hint

3つの答《こた》えのなかで、まちがっているのは一《ひと》つだけです。選手《せんしゅ》ではなく、卓球用具《たっきゅうようぐ》の位置《いち》に注目《ちゅうもく》。

19の答《こた》え ▼ 1 台《だい》より前《まえ》に出《で》て横《よこ》から打《う》つ

なんで

ボールが台《だい》より前《まえ》に出《で》ているから

サービスでは、ボールはトスをあげる前《まえ》から打《う》ち終《お》わるまで、つねに台《だい》よりも後《うし》ろになければいけません。そのため、1のように構《かま》えている状態《じょうたい》で、すでにボールが台《だい》よりも前《まえ》にあるのは反則《はんそく》となります。2や3のように、台《だい》の後《うし》ろであればいくら離《はな》れていても大丈夫《だいじょうぶ》です。ただし、台《だい》の高《たか》さよりも下《した》から打《う》つことは反則《はんそく》なので注意《ちゅうい》しましょう。

＊サービスの反則《はんそく》については75ページ。

◀体《からだ》ではなく、ボールが台《だい》よりも前《まえ》に出《で》ているので反則《はんそく》となる

どうして 2と 3は OK なの？

▲構《かま》えてボールを持《も》っている位置《いち》が、台《だい》よりも高《たか》く後《うし》ろになっているから

▲台《だい》から大《おお》きく離《はな》れていても、台《だい》より高《たか》い位置《いち》にボールがあるから。ただし、ルール上《じょう》は問題《もんだい》ないが利点《りてん》は少《すく》なく、実用的《じつようてき》ではない

問題《もんだい》
20

初級《しょきゅう》 中級 上級

サービスで次《つぎ》の状況《じょうきょう》になった場合《ばあい》、どんな対応《たいおう》が取《と》られるでしょうか？

1. 自分側《じぶんがわ》でバウンドさせず、相手側《あいてがわ》の台《だい》に直接《ちょくせつ》入《い》れた
2. 自分側《じぶんがわ》でバウンドしたが、相手側《あいてがわ》ではオーバーした
3. 自分側《じぶんがわ》でバウンドさせ、ネットにあたってから相手側《あいてがわ》でバウンドした

ヒント
hint

問題《もんだい》の3つのサービスは、そのあとラリーを続《つづ》けられません。状況《じょうきょう》によって取《と》られる対応《たいおう》がちがいます。

答《こた》えがわかったらページをめくってね

▲サービスは、自分側《じぶんがわ》と相手側《あいてがわ》の台《だい》でワンバウンドさせて成功《せいこう》となる

20の答《こた》え

▼

1 2 相手《あいて》の得点《とくてん》になる

3 どちらの得点《とくてん》にもならない（やりなおし）

なんで

ネットにあたって相手側《あいてがわ》に入《はい》った場合《ばあい》はレット（ノーカウント）になるから

サービスは、台《だい》の自分側《じぶんがわ》でワンバウンドさせてから、相手側《あいてがわ》でもバウンドさせることが必要《ひつよう》です。ですから、1のように自分側《じぶんがわ》でバウンドさせなかったり、2のように相手側《あいてがわ》でバウンドしなかった場合《ばあい》は、ミスとなって相手《あいて》に得点《とくてん》が入《はい》ります。3のケースでは、自分側《じぶんがわ》、相手側《あいてがわ》ともにバウンドはしていますが、途中《とちゅう》でネットにあたっていますね。ネットにあたった場合《ばあい》は、そのまま相手側《あいてがわ》に入《はい》ったらレットとなってやり直《なお》しに。ただし、ネットにあたってバウンドせずに台《だい》から出《で》たり、自分側《じぶんがわ》へボールが戻《もど》ってきた場合《ばあい》には、ミスとなって相手《あいて》に得《とく》点《てん》が入《はい》ります。

問題《もんだい》21

初級《しょきゅう》

サービスで反則《はんそく》となるのはどれでしょう？

1 手《て》で握《にぎ》ってボールを隠《かく》す

2 トスが低《ひく》い

3 トスをななめにあげる

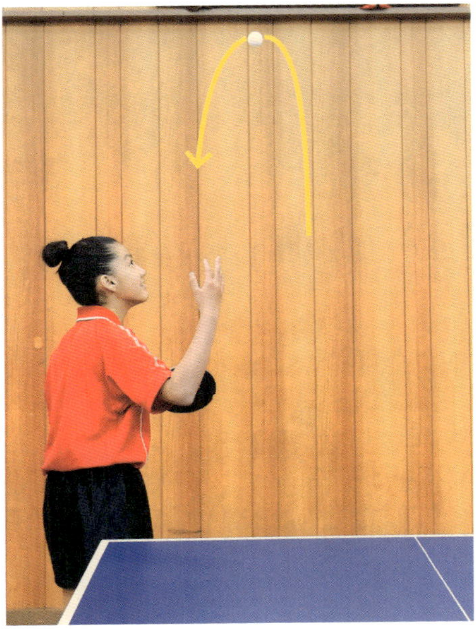

ヒント hint

問題《もんだい》19の応用編《おうようへん》。復習《ふくしゅう》してみれば、ヒントが隠《かく》れているものもあります。

答《こた》えがわかったらページをめくってね

21の答《こた》え

▼

全《ぜん》部《ぶ》反《はん》則《そく》です

なんで

ボールの持《も》ちかたや トスのあげかたには決《き》まりがあるから

　サービスを打《う》つための一連《いちれん》の動作《どうさ》には、しっかりとした決《き》まりがあります。まず、ボールを持《も》って止《と》まった状態《じょうたい》からトスをあげて打《う》つまでの間《あいだ》、ボールはすべて相手《あいて》に見《み》えていなければいけません。そして、トスは投《な》げあげて自分《じぶん》の手《て》とボールの距離《きょり》を16センチ以上離《いじょうはな》す必要《ひつよう》があります。そのとき、ボールをななめにあげる行為《こうい》はNG。トスはまっすぐあげなければいけません。そのほかにも、ボールを服《ふく》や体《からだ》の一部《いちぶ》で隠《かく》すような、レシーバーにとってボールを見《み》づらくする行為《こうい》は反則《はんそく》になりますので、気《き》をつけましょう。

NG!

ボールを持《も》っている手《て》を 台《だい》の下《した》に隠《かく》すのもNG

　問題《もんだい》19の答《こた》えでも説明《せつめい》したように、サービスは台《だい》より高《たか》い位置《いち》で打《う》たなければいけません。打《う》つときだけではなく、構《かま》えてから打《う》つまで、ボールが見《み》えていなければいけないので、ボールを持《も》っている手《て》を台《だい》の下《した》に持《も》っていく行為《こうい》も、隠《かく》しているとみなされて反則《はんそく》になります。ただし、ボールや打《う》つ位置《いち》が台《だい》よりも上《うえ》であれば、ラケットは構《かま》えのときに台《だい》よりもさがっていても問題《もんだい》ありません。

問題《もんだい》 22

初級《しょきゅう》

サービスを長《なが》くまたは短《みじか》く出《だ》したい場合《ばあい》、台《だい》のどこをねらえばいいでしょうか？

ヒント
hint

長《なが》い場合《ばあい》は強《つよ》く打《う》つ、短《みじか》い場合《ばあい》は弱《よわ》く打《う》つと考《かんが》えて、どこをねらえばサービスが成功《せいこう》するかイメージしてみましょう。

答《こた》えがわかったらページをめくってね

22の答《こた》え

▼長《なが》いサービス……第《だい》1バウンドで台《だい》の手前《てまえ》をねらう
短《みじか》いサービス……第《だい》1バウンドで台《だい》の真《ま》ん中《なか》をねらう

なんで

長《なが》いサービスでオーバーしたり、短《みじか》いサービスでネットにかからないようにするため

サービスを長《なが》く出《だ》したい場合《ばあい》は、遠《とお》くに飛《と》ばすためにも強《つよ》く打《う》ちます。そのときに、台《だい》の真《ま》ん中《なか》くらいで第《だい》1バウンドをさせると、高《たか》さが足《た》りずにネットにかかるか、越《こ》えても勢《いきお》いが強《つよ》すぎて相手側《あいてがわ》でオーバーしてしまうでしょう。逆《ぎゃく》に、サービスを短《みじか》く出《だ》したい場合《ばあい》は、弱《よわ》い力《ちから》で打《う》ちます。そこでボールの第《だい》1バウンドを手前《てまえ》にすると、ボールはネットを越《こ》えません。サービスを長《なが》く出《だ》す場合《ばあい》は、強《つよ》く打《う》って第《だい》1バウンドを手前《てまえ》に、短《みじか》く出《だ》す場合《ばあい》は弱《よわ》く打《う》って第《だい》1バウンドを真《ま》ん中《なか》にするとおぼえましょう。

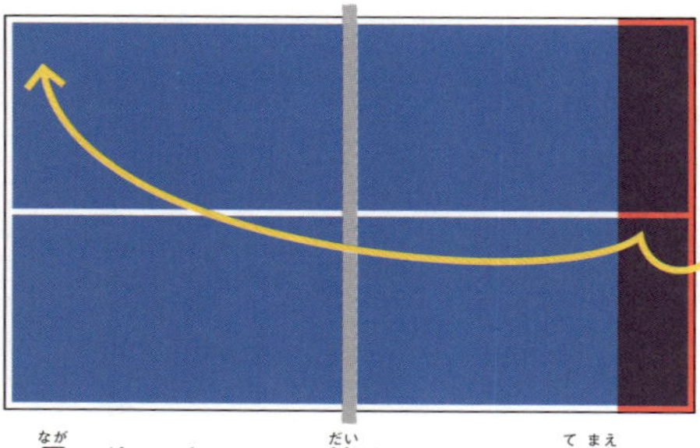

長《なが》いサービスを打《う》つ場合《ばあい》

▲長《なが》いサービスでは、第《だい》1バウンドで手前《てまえ》をねらう

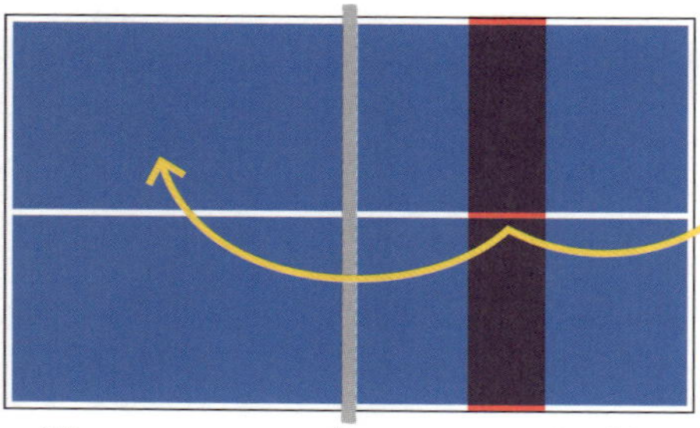

短《みじか》いサービスを打《う》つ場合《ばあい》

▲短《みじか》いサービスでは、第《だい》1バウンドを真《ま》ん中《なか》くらいにする

POINT

サービスをうまく出《だ》すコツ！ できるだけ台《だい》と体《からだ》に近《ちか》いところで打《う》つ

トスをあげたあと、ボールはできるだけ台《だい》の近《ちか》くまで落《お》ちてきたときに打《う》つようにしましょう。打《う》つ位置《いち》が高《たか》いと、打球《だきゅう》が高《たか》くバウンドして相手《あいて》にとって打《う》ちやすい球《たま》に……。台《だい》に近《ちか》い位置《いち》で打《う》てば、低《ひく》い球《たま》が飛《と》ぶようになります。また、フォアハンドのサービスは、体《からだ》に近《ちか》い位置《いち》で打《う》ったほうが打球《だきゅう》が安定《あんてい》して入《はい》りやすくなります。

NG!

▲体《からだ》から遠《とお》く、高《たか》い位置《いち》で打球《だきゅう》している

OK!

▲体《からだ》に近《ちか》く、低《ひく》い位置《いち》で打球《だきゅう》している

グリップを変化《へんか》させて回転《かいてん》をかけやすくする

サービスは、上達《じょうたつ》してくると長短《ちょうたん》だけではなく、さまざまな回転《かいてん》をかけて打《う》つようになります。そこで有効《ゆうこう》なのが、グリップの握《にぎ》りかたを変《か》えることです。例《たと》えば、グリップを持《も》っている指《ゆび》を外《はず》してサービスを打《う》つことで、手首《てくび》やラケットを自由《じゆう》に動《うご》かせ、回転《かいてん》がかけやすくなります。

＊通常《つうじょう》のグリップは16－17ページ

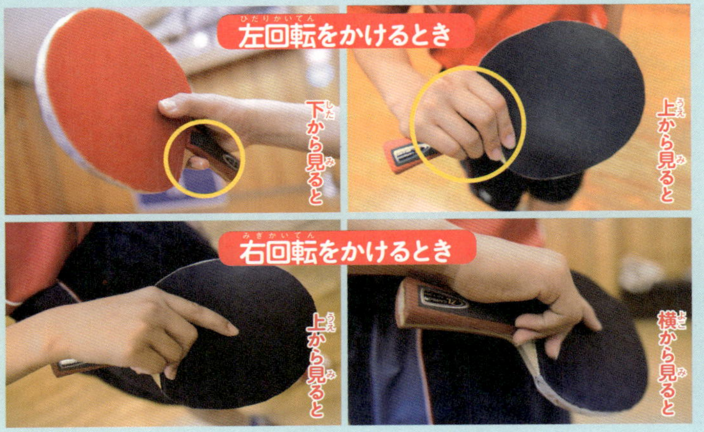
左回転《ひだりかいてん》をかけるとき
下《した》から見《み》ると
上《うえ》から見《み》ると
右回転《みぎかいてん》をかけるとき
上《うえ》から見《み》ると
横《よこ》から見《み》ると

◀グリップを握《にぎ》っている指《ゆび》を外《はず》すと、手首《てくび》やラケットを自由《じゆう》に動《うご》かせるようになる。グリップを握《にぎ》りこまず指《ゆび》をひっかけるようにしている

問題《もんだい》 23

中級《ちゅうきゅう》

サービスで1～4のように打《う》った場合《ばあい》、ボールはあ～えのうちどのように飛《と》ぶでしょうか？組《く》み合《あ》わせて考《かんが》えてみましょう。

1 ボールの左上《ひだりうえ》を打《う》つ

2 ボールの左下《ひだりした》を打《う》つ

3 ボールの右上《みぎうえ》を打《う》つ

4 ボールの右下《みぎした》を打《う》つ

あ

左《ひだり》方向《ほうこう》にまがる

第《だい》2バウンド後《ご》に前進《ぜんしん》しながら少《すこ》し左《ひだり》へまがる

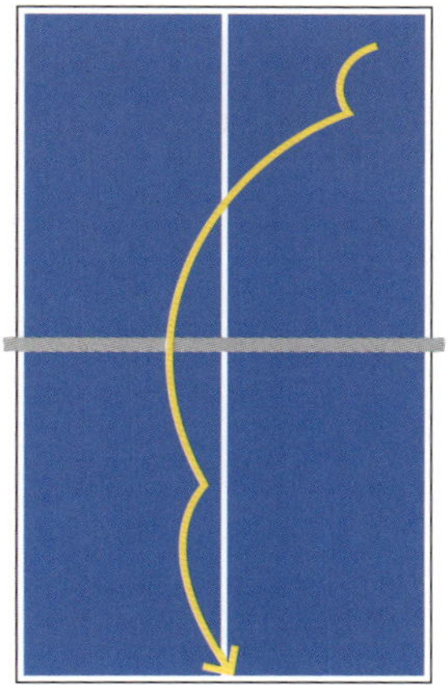

い

右《みぎ》方向《ほうこう》にまがる

第《だい》2バウンド後《ご》に前進《ぜんしん》しながら少《すこ》し右《みぎ》へまがる

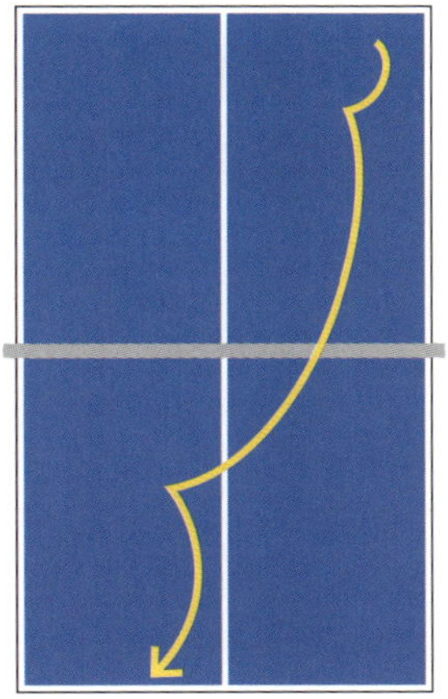

う

左《ひだり》方向《ほうこう》にまがる

第《だい》2バウンド後《ご》にさらに左《ひだり》へまがる

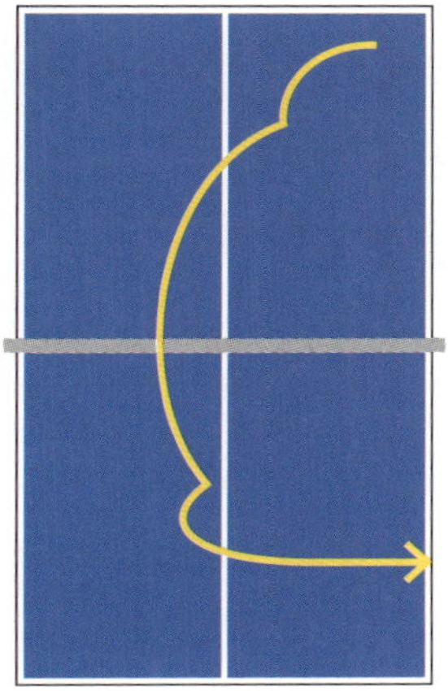

え

右《みぎ》方向《ほうこう》にまがる

第《だい》2バウンド後《ご》にさらに右《みぎ》へまがる

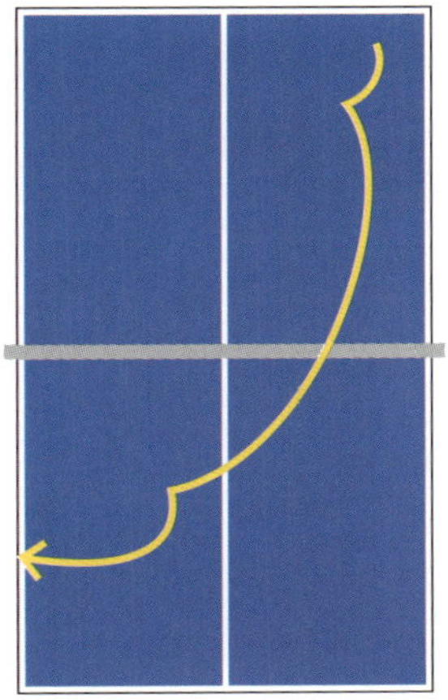

\ヒント/ **hint**

サービスを打《う》っている人《ひと》の気持《きも》ちになって考《かんが》えてみましょう。

☜ 答《こた》えがわかったらページをめくってね

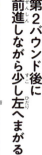

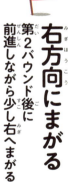

23の答《こた》え

い ← 1

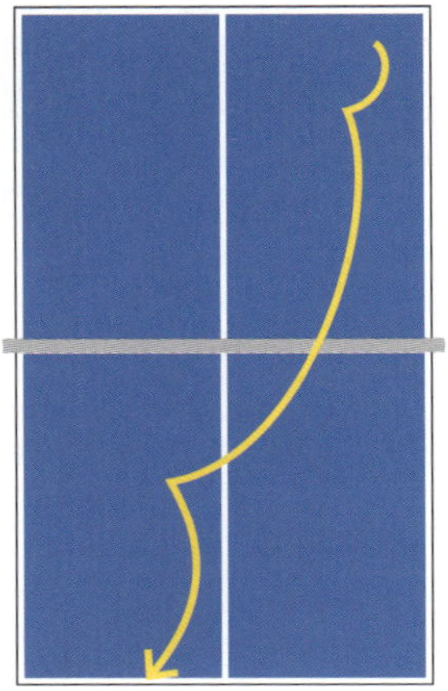

ボールの左上《ひだりうえ》を打《う》つと、打球《だきゅう》は右方向《みぎほうこう》に伸《の》びるようにまがる

あ ← 3

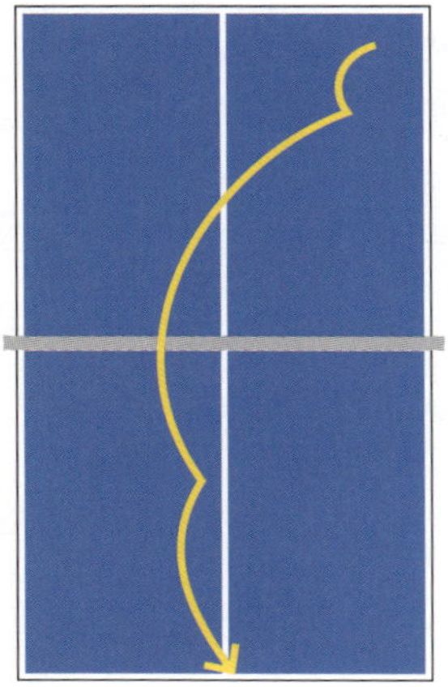

ボールの右上《みぎうえ》を打《う》つと、打球《だきゅう》は左方向《ひだりほうこう》に伸《の》びるようにまがる

え ← 2

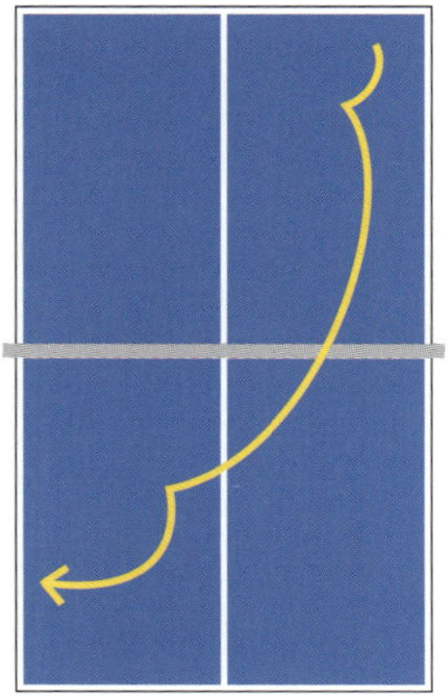

ボールの左下《ひだりした》を打《う》つと、打球《だきゅう》は右方向《みぎほうこう》に台《だい》のサイドへ向《む》けてまがる

う ← 4

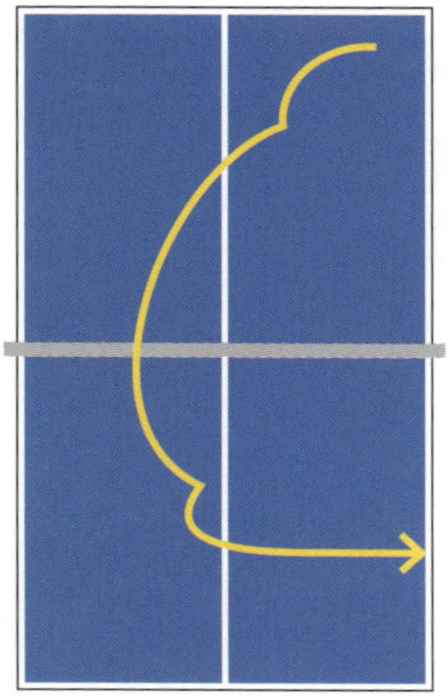

ボールの右下《みぎした》を打《う》つと、打球《だきゅう》は左方向《ひだりほうこう》に台《だい》のサイドへ向《む》けてまがる

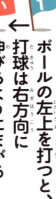

問題《もんだい》24
中級《ちゅうきゅう》

サービスで相手《あいて》がかけた回転《かいてん》は、どこを見《み》て判断《はんだん》すればいいでしょうか？

＼ヒント／
hint

問題《もんだい》23の応用《おうよう》です。今度《こんど》は自分《じぶん》がレシーバーになったつもりで考《かんが》えてみましょう。

 答《こた》えがわかったらページをめくってね

24の答《こた》え ▼ 打《う》った瞬間《しゅんかん》のラケット

ラケットの角度《かくど》を見《み》れば、どんな回転《かいてん》をかけたかがわかるから

問題《もんだい》13で説明《せつめい》したように、ボールのきほん的《てき》な回転《かいてん》は前進回転《ぜんしんかいてん》、下《した》回転《かいてん》、右横回転《みぎよこかいてん》、左横回転《ひだりよこかいてん》の４つです。まずは、サーバーがボールの上《じょう》下左右《げさゆう》のどこを打《う》ったのかを見分《みわ》けることができれば、その４つのなかからどの回転《かいてん》をかけたのかがわかります。上側《うえがわ》を打《う》っていれば前進回転《ぜんしんかいてん》に、下側《したがわ》を打《う》っていれば下回転《したかいてん》、右横《みぎよこ》を打《う》っていれば左横回転《ひだりよこかいてん》、左横《ひだりよこ》を打《う》っていれば右横回転《みぎよこかいてん》になるとおぼえておきましょう。また、バックハンドでサービスを打《う》ってくる場合《ばあい》もありますが、ボールとラケットの角《かく》度《ど》が同《おな》じであれば、まがりかたなどは同《おな》じと思《おも》ってください。

▲サーバーがボールの左側《ひだりがわ》を打《う》っていれば右横回転《みぎよこかいてん》がかかり、ボールはレシーバーから見《み》て左《ひだり》へとまがっていく

PO!NT

サービスを打《う》つフォームからも、回転《かいてん》は判断《はんだん》できる

サーバーがかけたボールの回転《かんてん》を判断《はんだん》するのには、どこを打《う》っているのかに加《くわ》えて、もう一《ひと》つ大《おお》きな目安《めやす》となるものがあります。それがサービスのフォームです。ボールにあたる前《まえ》とあたった後《あと》では、ラケットは右《みぎ》から左《ひだり》、もしくは左《ひだり》から右《みぎ》のどちらに動《うご》いているのかに注目《ちゅうもく》してみてください。例《たと》えば、フォアサーブで右横回転《みぎよこかいてん》をかける場合《ばあい》、サーバーはボールの左側《ひだりがわ》を打《う》つため、レシーバーから見《み》て、ラケットは左《ひだり》から右《みぎ》に動《うご》くことが多《おお》くなります。そういったフォームとラケットの角《かく》度《ど》を合《あ》わせて判断《はんだん》していきましょう。

サーバーのスイング例《れい》

打球方向《だきゅうほうこう》

▲打球《だきゅう》の前後《ぜんご》のラケットの動《うご》きに注目《ちゅうもく》しよう

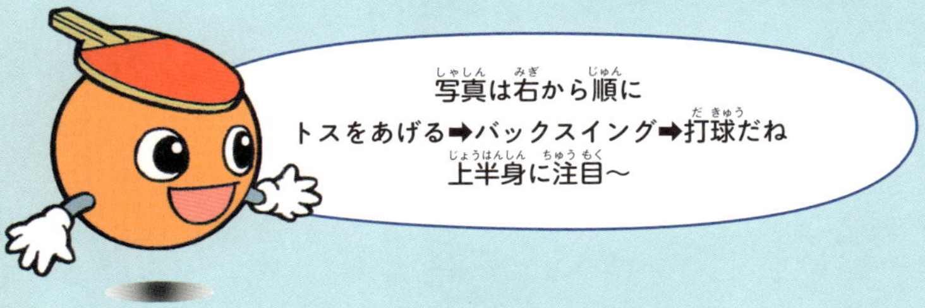
写真《しゃしん》は右《みぎ》から順《じゅん》に
トスをあげる➡バックスイング➡打球《だきゅう》だね
上半身《じょうはんしん》に注目《ちゅうもく》～

トライ!

ボールに回転《かいてん》をかけてみよう！

回転《かいてん》をかけたボールを床《ゆか》に打《う》つ

ボールに回転《かいてん》をかける感覚《かんかく》をつかむためには、まず下回転《したかいてん》から練習《れんしゅう》していきましょう。台《だい》のないところで、ボールの下《した》を鋭《するど》く切《き》るように打《う》ってみてください。前《まえ》に飛《と》んだボールが床《ゆか》にバウンドしたあと、回転《かいてん》の影響《えいきょう》で自分《じぶん》のほうへと戻《もど》ってきたら成功《せいこう》です。台《だい》に入《い》れるなどの意識《いしき》はひとまず置《お》いておいて、力強《ちからづよ》く鋭《するど》い回転《かいてん》がかけられるように集中《しゅうちゅう》してみましょう。問題《もんだい》22で紹介《しょうかい》した、ラケットの持《も》ちかたなども試《ため》してみてください。

回転《かいてん》をかけるコツは
力《ちから》を抜《ぬ》いて構《かま》えておき、
ボールとラケットがあたる瞬間《しゅんかん》に
指《ゆび》、手首《てくび》、前腕《ぜんわん》に
力《ちから》を入《い》れること！
鋭《するど》く振《ふ》りきるとしっかりと
回転《かいてん》をかけられるよ！

問題《もんだい》 25

中級《ちゅうきゅう》

サービスを返《かえ》すときに大切《たいせつ》なのは？ □に漢字《かんじ》二文字《ふたもじ》を入《い》れてください

このフォームで打《う》ってきたということは…

サーバー

「回転《かいてん》のかかったサービスを返《かえ》すには、ラケットの□□を合《あ》わせることが大切《たいせつ》です！」

ヒント
hint

第《だい》3章《しょう》のなかで出《で》てきた言葉《ことば》です。サービスの回転《かいてん》を判断《はんだん》するとき、ラケットの何《なに》を見《み》ていたか、思《おも》い出《だ》してみましょう。

 答《こた》えがわかったらページをめくってね

25の答《こた》え ▶ 角度《かくど》

右横上回転《みぎよこうえかいてん》がフォア前《まえ》にきた場合《ばあい》

▲フォアハンドでボールの右横上《みぎよこうえ》をとらえて、打《う》ちたい方向《ほうこう》にフォロースルー

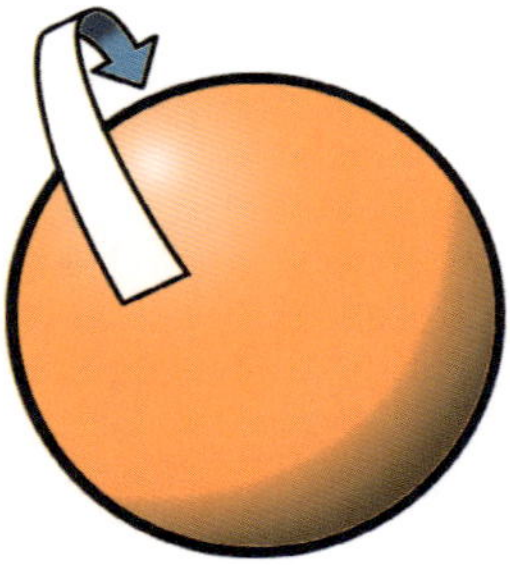

サーバーから見《み》た回転《かいてん》

右横下回転《みぎよこしたかいてん》がフォア前《まえ》にきた場合《ばあい》

▲フォアハンドでボールの右横下《みぎよこした》をとらえて、打《う》ちたい方向《ほうこう》にフォロースルー

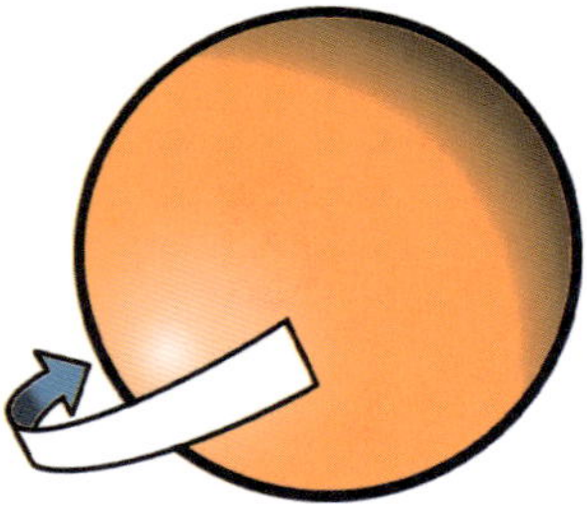

サーバーから見《み》た回転《かいてん》

回転《かいてん》のかかったサービスは、サーバーと同《おな》じ角度《かくど》で打《う》ち返《かえ》す

例《たと》えば、サーバーから見《み》てボールの左側《ひだりがわ》を打《う》って右横回転《みぎよこかいてん》のサービスを打《う》たれたとしましょう。その場合《ばあい》、レシーバーはボールの右側《みぎがわ》を打《う》てば回転《かいてん》によるミスを減《へ》らせます。そこに上下《じょうげ》の回転《かいてん》が加《くわ》わり、右横下《みぎよこした》回転《かいてん》のサービスにはレシーブも右横下《みぎよこした》を、右横上回転《みぎよこうえかいてん》のサービスには右横上《みぎよこうえ》を打《う》つというように、サーバーが打《う》った角度《かくど》と同《おな》じ角度《かくど》で返《かえ》すことがきほんです。そして、フォロースルーでラケットを打《う》ちたい方向《ほうこう》に持《も》っていけば、コースを変《か》えることができます。

右横回転系《みぎよこかいてんけい》のサービスに対《たい》するレシーブ

右横上回転《みぎよこうえかいてん》がバック前《まえ》にきた場合《ばあい》

▲バックハンドでボールの右横上《みぎよこうえ》をとらえて、打《う》ちたい方向《ほうこう》にフォロースルー

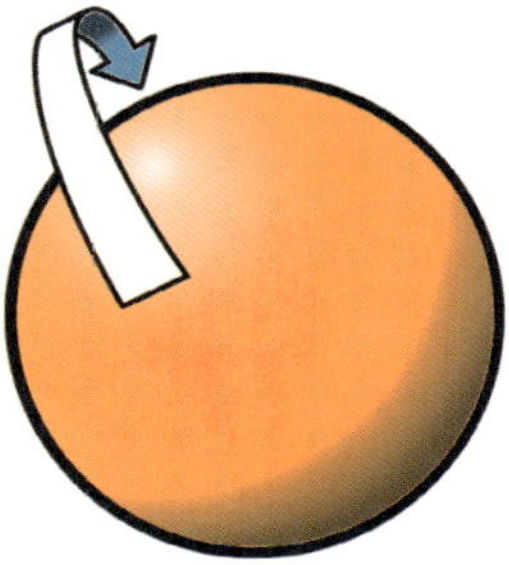

サーバーから見《み》た回転《かいてん》

右横下回転《みぎよこしたかいてん》がバック前《まえ》にきた場合《ばあい》

▲バックハンドでボールの右横下《みぎよこした》をとらえて、打《う》ちたい方向《ほうこう》にフォロースルー

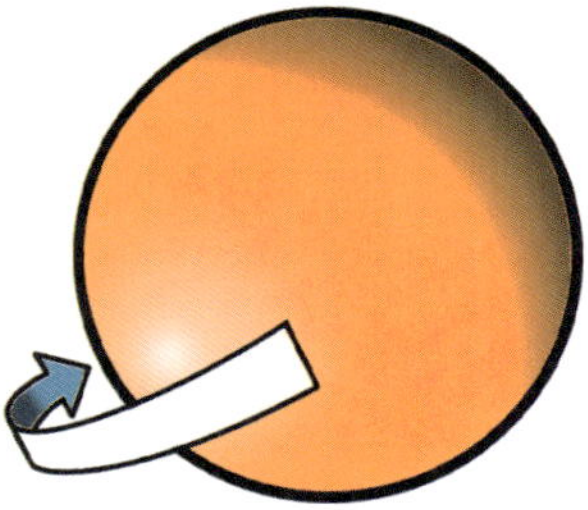

サーバーから見《み》た回転《かいてん》

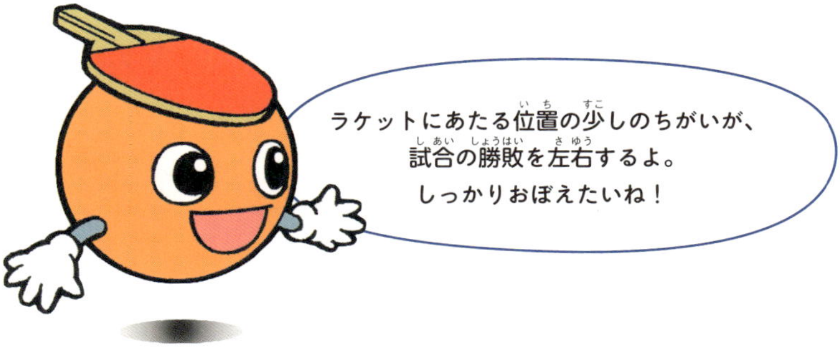
ラケットにあたる位置《いち》の少《すこ》しのちがいが、
試合《しあい》の勝敗《しょうはい》を左右《さゆう》するよ。
しっかりおぼえたいね！

右《みぎ》横《よこ》上《うえ》回転《かいてん》が ロングボールで①フォアに、②バックにきた場合《ばあい》

▲フォアにきたらフォアハンドで、バックにきたらバックハンドでボールの右横上《みぎよこうえ》をとらえる

サーバーから見《み》た回転《かいてん》

右《みぎ》横《よこ》下《した》回転《かいてん》が ロングボールで①フォアに、②バックにきた場合《ばあい》

▲フォアにきたらフォアハンドで、バックにきたらバックハンドでボールの右横下《みぎよこした》をとらえる

サーバーから見《み》た回転《かいてん》

問題《もんだい》26 上級《じょうきゅう》

あなたはレシーバーです。サーバーが左横回転《ひだりよこかいてん》のサービスを打《う》ってきた場合《ばあい》、レシーバーはボールのどこを打《う》てばよいでしょう?

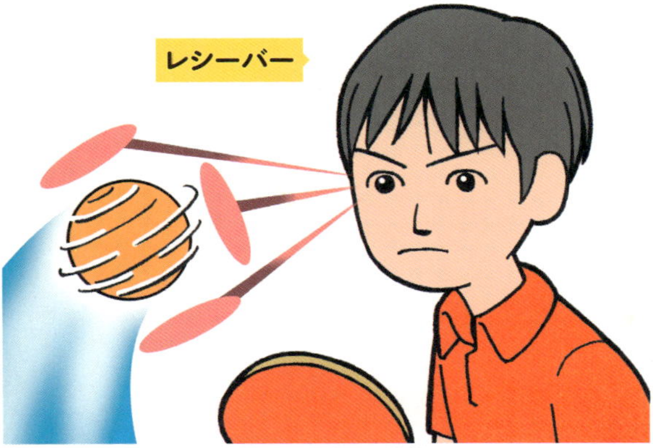

▲回転《かいてん》を見極《みきわ》めどこを打《う》つか一瞬《いっしゅん》で判断《はんだん》しよう

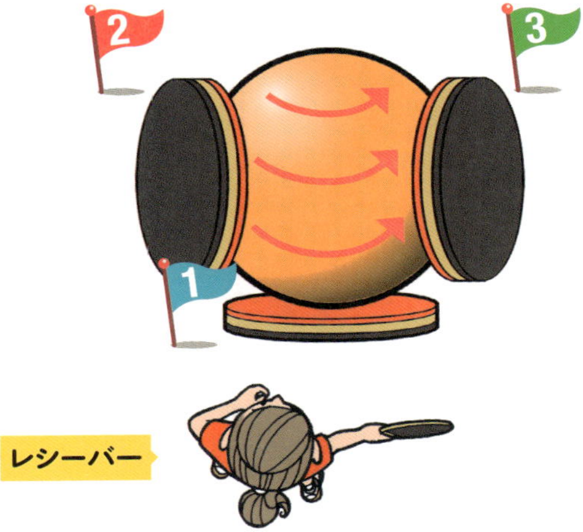

1 下《した》　2 左《ひだり》　3 右《みぎ》

ヒント hint

問題《もんだい》25で右横回転《みぎよこかいてん》のときはどこを打《う》っていたか思《おも》い出《だ》してみましょう。左横回転《ひだりよこかいてん》なら、どこを打《う》てばいいかもわかるはずです。

答《こた》えがわかったらページをめくってね

26の答《こた》え ▶ 2 左《ひだり》

左横上回転《ひだりよこうえかいてん》が フォア前《まえ》にきた場合《ばあい》

▲フォアハンドでボールの左横上《ひだりよこうえ》をとらえて、打《う》ちたい方向《ほうこう》にフォロースルー

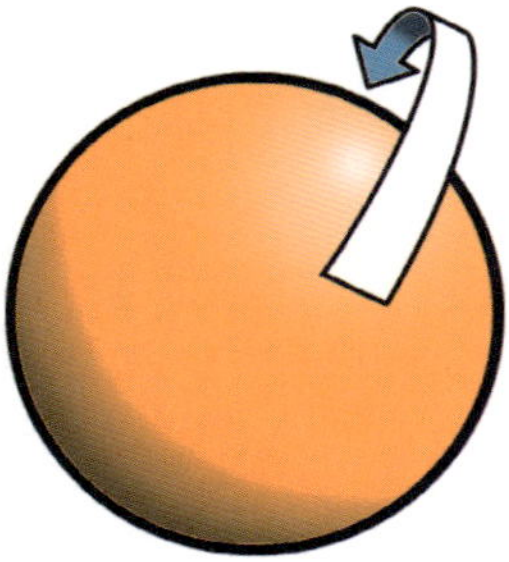

サーバーから見《み》た回転《かいてん》

左横下回転《ひだりよこしたかいてん》が フォア前《まえ》にきた場合《ばあい》

▲フォアハンドでボールの左横下《ひだりよこした》をとらえて、打《う》ちたい方向《ほうこう》にフォロースルー

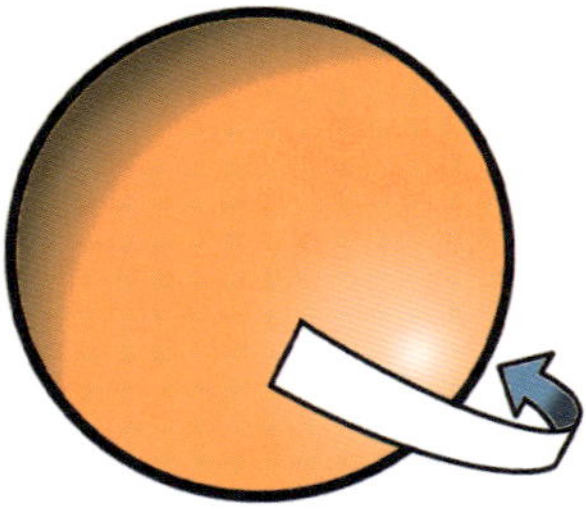

サーバーから見《み》た回転《かいてん》

なんで

サーバーと同《おな》じ角度《かくど》で返《かえ》すとミスが少《すく》ないから

左横回転系《ひだりよこかいてんけい》のサービスに対《たい》するレシーブでも、考《かんが》えかたは右横回転系《みぎよこかいてんけい》のサービスと同《おな》じです。左横回転《ひだりよこかいてん》にはボールの左《ひだり》横《よこ》を打《う》つことをきほんとして、下回転《したかいてん》が加《くわ》わっていれば左横下《ひだりよこした》を、上回転《うえかいてん》が加《くわ》わっていれば左横上《ひだりよこうえ》を打《う》ちます。サーバーが打《う》った角度《かくど》と同《おな》じ角度《かくど》で打《う》つことをきほんとしましょう。角度《かくど》が合《あ》っていれば、ミスをすることは少《すく》なくなります。

左横回転系《ひだりよこかいてんけい》のサービスに対《たい》するレシーブ

左横上回転《ひだりよこうえかいてん》が バック前《まえ》にきた場合《ばあい》

▲バックハンドでボールの左横上《ひだりよこうえ》をとらえて、打《う》ちたい方向《ほうこう》にフォロースルー

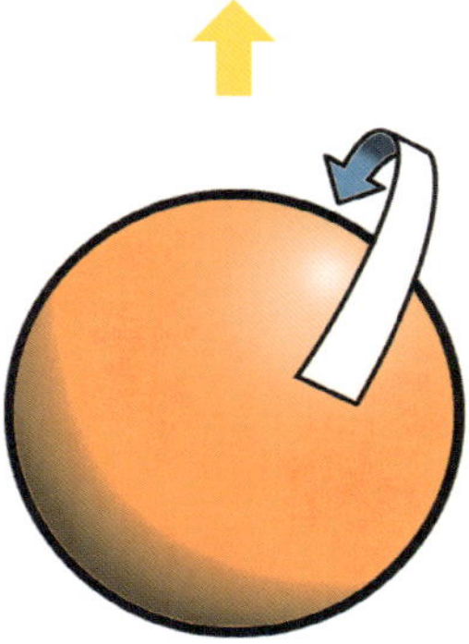

左横下回転《ひだりよこしたかいてん》が バック前《まえ》にきた場合《ばあい》

▲バックハンドでボールの左横下《ひだりよこした》をとらえて、打《う》ちたい方向《ほうこう》にフォロースルー

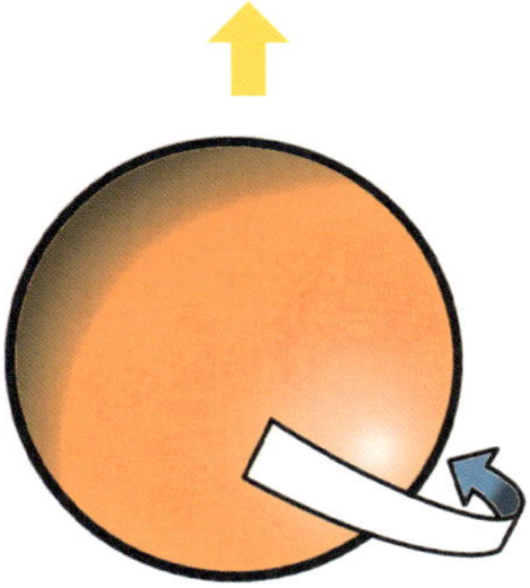

左横上回転《ひだりよこうえかいてん》が
ロングボールで①フォアに、
②バックにきた場合《ばあい》

▲フォアにきたらフォアハンドで、バックにきたらバックハンドでボールの左横上《ひだりよこうえ》をとらえる

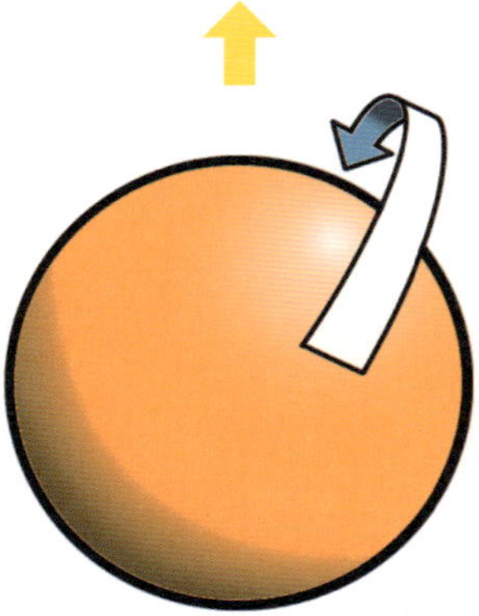

サーバーから見《み》た回転《かいてん》

左横下回転《ひだりよこしたかいてん》が
ロングボールで①フォアに、
②バックにきた場合《ばあい》

▲フォアにきたらフォアハンドで、バックにきたらバックハンドでボールの左横下《ひだりよこした》をとらえる

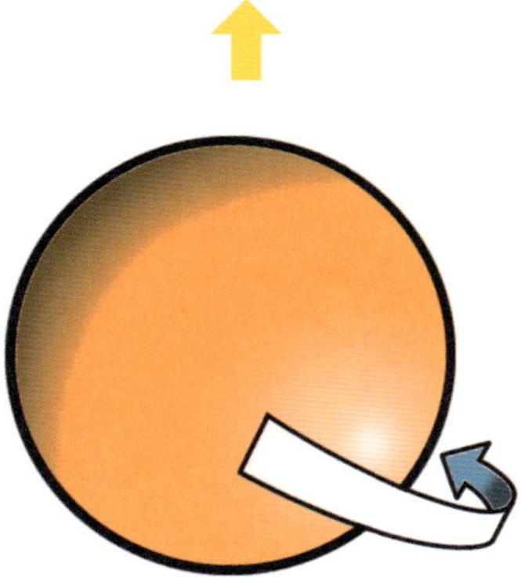

サーバーから見《み》た回転《かいてん》

問題《もんだい》 27 上級《じょうきゅう》 中級

レシーブの、より攻撃的《こうげきてき》な返《かえ》しかたに「フリック」があります。フリックは体《からだ》のどの部分《ぶぶん》を中心《ちゅうしん》に打《う》つショットでしょう？

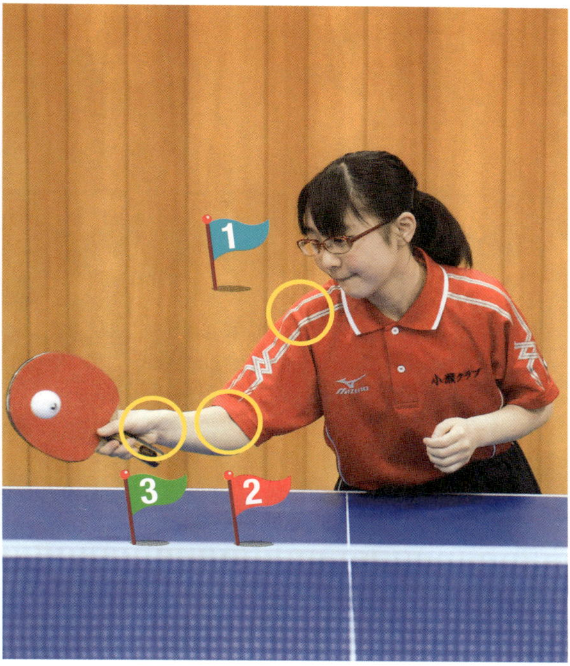

1 肩《かた》

2 ヒジ

3 手首《てくび》

どこを中心《ちゅうしん》にすれば
フォームは小《ちい》さくなるかな？

ヒント
hint

フリックは小《ちい》さいフォームで打《う》つショットです。どの部分《ぶぶん》を使《つか》えばフォームが小《ちい》さくなるかイメージしてみましょう。

答《こた》えがわかったらページをめくってね

27の答《こた》え ▶ 3 手首《てくび》

なんで

前腕《ぜんわん》と手首《てくび》を中心《ちゅうしん》にした小《ち》さいフォームで打《う》つショットだから

ツッツキが安全《あんぜん》につなぐ球《たま》だとしたら、フリックは相手《あいて》を崩《くず》すショットです。その分《ぶん》だけ、ツッツキよりも攻撃的《こうげきてき》です。フリックで強打《きょうだ》して攻《せ》めていく場合《ばあい》もありますが、まずは相手《あいて》が短《みじか》いサービスを出《だ》してきたときなどに、フリックでコースを突《つ》くことで、相手《あいて》を崩《くず》してから攻撃《こうげき》につなげていくのがよいでしょう。

打《う》ちかたとしては、手首《てくび》を中心《ちゅうしん》に打《う》つ技術《ぎじゅつ》だとおぼえてください。フォア前《まえ》の球《たま》なら、小《ちい》さいフォームから手《て》の甲《こう》や人《ひと》さし指《ゆび》に力《ちから》を入《い》れて、手首《てくび》を使《つか》って打《う》ちます。ボールは、バウンド後《ご》に一番高《いちばんたか》くあがったときや、そこから少《すこ》し落《お》ちたあたりが打《う》ちやすいですね。

しっかりと体《からだ》を打点《だてん》に近《ちか》づけて打《う》つ

フリックは、打《う》つときに手《て》だけが前《まえ》に出《で》てしまい、体《からだ》が打点《だてん》から遠《とお》くなることがあります。それでは打球《だきゅう》が安定《あんてい》せず、手首《てくび》を中心《ちゅうしん》としたスイングもできません。右足《みぎあし》を前《まえ》に踏《ふ》みだしたら、体《からだ》もしっかりと前《まえ》に出《だ》して打点《だてん》に近《ちか》づけていきましょう。

フォア、バックともに体《からだ》と打点《だてん》が離《はな》れてしまうと打球《だきゅう》が安定《あんてい》しない

フォアフリック

横《よこ》から

前《まえ》から

◀ボールに対《たい》して右足《みぎあし》を前《まえ》に踏《ふ》みだす

◀打球《だきゅう》が安定《あんてい》するように、体《からだ》を打点《だてん》に近《ちか》づける

◀バックスイングを大《おお》きく取《と》らず、バウンド後《ご》の頂点《ちょうてん》を打《う》つ

◀手《て》の甲《こう》や人《ひと》さし指《ゆび》に力《ちから》を入《い》れ、手首《てくび》を中心《ちゅうしん》にスイング

バックフリック

横《よこ》から

前《まえ》から

◀右足《みぎあし》を踏《ふ》みこんで打点《だてん》に体《からだ》を近《ちか》づけ、バックスイングをコンパクトに

◀バウンド後《ご》の頂《ちょう》点《てん》をねらい、小《ちい》さいフォームから前《ぜん》腕《わん》と手首《てくび》を中心《ちゅうしん》にスイング

◀コースを突《つ》いて相手《あいて》を崩《くず》し、次《つぎ》の攻撃《こうげき》につなげる

第《だい》 4 章《しょう》

試合《しあい》の流《なが》れ・マナー

卓球《たっきゅう》がたのしくなる 藤井寛子《ふじいひろこ》の ステップアップアドバイス④

仲間《なかま》を思《おも》いやり、切磋琢磨《せっさたくま》できる関係《かんけい》をつくってほしい

卓球《たっきゅう》は対人競技《たいじんきょうぎ》なので、対戦相手《たいせんあいて》がいて試合《しあい》が成立《せいりつ》します。そして、強《つよ》くなるためには、教《おし》えてくれるコーチや練習《れんしゅう》してくれる相手《あいて》も大事《だいじ》です。そういう意味《いみ》では、決《けっ》して一人《ひとり》で強《つよ》くなることはできません。

練習中《れんしゅうちゅう》でも仲間《なかま》を思《おも》いやり、コーチを尊敬《そんけい》して素直《すなお》に意見《いけん》を聞《き》きましょう。そうした素直《すなお》さを持《も》っていれば強《つよ》くなれると思《おも》いますし、仲間《なかま》とよい関係《かんけい》がつくれていれば、お互《たが》いが切磋琢磨《せっさたくま》できるでしょう。

また、マナーやモラルといったことも大切《たいせつ》です。単《たん》なる遊《あそ》びではなく、「卓球《たっきゅう》」というスポーツをする競技《きょうぎ》者《しゃ》としてプライドを持《も》ってやってもらえたらうれしいです。

▶切磋琢磨《せっさたくま》

仲間同士《なかまどうし》がお互《たが》いに高《たか》めあうという意味《いみ》の四字熟語《よじじゅくご》

問題《もんだい》 28
初級《しょきゅう》 中級 上級

試合前《しあいまえ》にはじゃんけんをします。なにを決《き》めるのでしょうか？

じゃーん、けーん、ぽいっ！
みんなはどういうかけ声《ごえ》を使《つか》うかな？

ヒント
hint

じゃんけんに勝《か》った人《ひと》が、2種類《しゅるい》のなかから、どちらか一方《いっぽう》の好《す》きなほうを選《えら》べます。試合《しあい》を有利《ゆうり》に進《すす》めるためにも勝《か》ちたいですね。

答《こた》えがわかったらページをめくってね

28の答《こた》え

サービスかレシーブ、またはコートのサイド

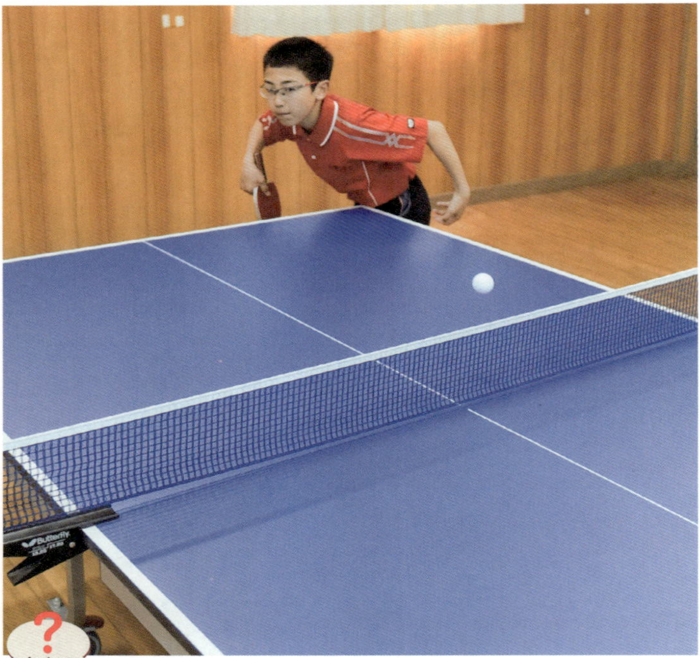

なんで

じゃんけんに勝《か》てば、サービス権《けん》とコート権《けん》のどちらかから選《えら》べる

試合前《しあいまえ》にじゃんけん（海外《かいがい》の試合《しあい》ではコイントスの場合《ばあい》もあります）で、サービス権《けん》とコート権《けん》のどちらか一《ひと》つから好《す》きなほうを選《えら》びます。サービス権《けん》の場合《ばあい》は、試合《しあい》をサービスとレシーブのどちらから始《はじ》めるのかを選《えら》び、コート権《けん》の場合《ばあい》はどちらのサイドから試合《しあい》を始《はじ》めるかを選択《せんたく》できます。複数選《ふくすうえら》ぶことはできず、じゃんけんに勝《か》ってサービスを選択《せんたく》した場合《ばあい》は、相手《あいて》がコートの選択権《せんたくけん》を得《え》て、どちらのサイドから試合《しあい》を始《はじ》めるかを決《き》めることができます。

問題《もんだい》29

初級《しょきゅう》

試合前《しあいまえ》にはお互《たが》いのラケットをチェックします。どうしてでしょう？

ふむふむ、
こういうラケットなのか…

ちなみに、試合中《しあいちゅう》にラケットを
かえることはできないよ
（こわれた場合《ばあい》を除《のぞ》く）

\ヒント/
hint

問題《もんだい》05でラバーの種類《しゅるい》を紹介《しょうかい》しました。
ラバーから何《なに》がわかるか思《おも》い出《だ》してみましょう。

答《こた》えがわかったらページをめくってね

29の答《こた》え

相手《あいて》の戦《たたか》いかたを知《し》り、違反行為《いはんこうい》がないかを確認《かくにん》する

なんで

ラケットやラバーの種類《しゅるい》により相手《あいて》の戦型《せんがた》や特徴《とくちょう》がわかる

相手《あいて》がどんなラケットやラバーを使《つか》っているかで（問題《もんだい》04・05）、相《あい》手《て》の戦型《せんがた》を知《し》ることができます。例《たと》えば、シェークハンドラケットに両面《りょうめん》とも裏《うら》ソフトラバーをはっていたら両《りょう》ハンドドライブ型《がた》、片面《かためん》が裏《うら》ソフトで反対《はんたい》の面《めん》が表《おもて》ソフトなら前陣速攻型《ぜんじんそっこうがた》といったぐあいです。

これ知《し》ってる？

ラケットに違反行為《いはんこうい》がないか確認《かくにん》しよう

ラケットやラバーは、ITTF（国際卓球連盟《こくさいたっきゅうれんめい》）やJTTA（日本卓球《にほんたっきゅう》協会《きょうかい》）が公認《こうにん》しているものでなければ、試合《しあい》で使《つか》うことはできません。ラケットとラバーに公認《こうにん》マークがついているかを確認《かくにん》しましょう。加《くわ》えて、接着剤《せっちゃくざい》のぬりかたなどが原因《げんいん》でラバーがゆがんでいたり、分厚《ぶあつ》すぎたり、切《き》れていたりするものも使《つか》うことはできません。もし、自分《じぶん》のラケットを指摘《してき》されたときのためにも、スペアラケットは用意《ようい》しておきましょう。

また、違反行為《いはんこうい》にはラケット以外《いがい》に服装《ふくそう》もあります。トップレベルの大会《たいかい》では白《しろ》がきほんに使《つか》われているウエアーは認《みと》められていないなど、それぞれの大会規約《たいかいきやく》をチェックしてみましょう。

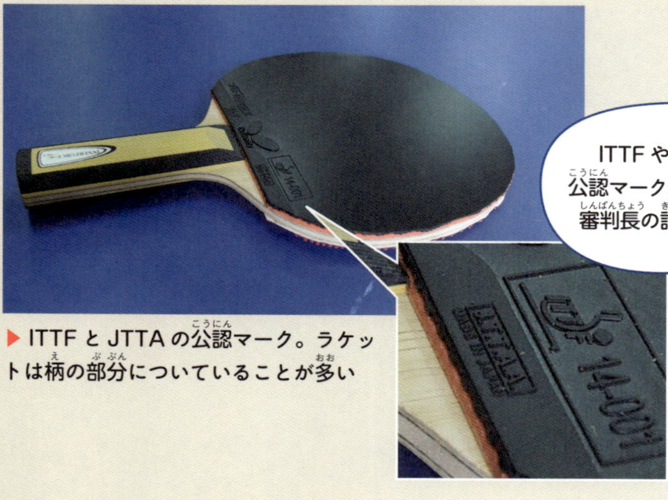

▶ITTFとJTTAの公認《こうにん》マーク。ラケットは柄《え》の部分《ぶぶん》についていることが多《おお》い

ITTFやJTTAの公認《こうにん》マークがない場合《ばあい》は審判長《しんぱんちょう》の許可《きょか》をとろう

いざ、試合《しあい》だ!!
たのしみだなあ

問題《もんだい》 30

初級《しょきゅう》 中級 上級

試合《しあい》のコートに入ってから体《からだ》を動《うご》かすことはできるでしょうか?

\ヒント/

hint

すぐに試合開始《しあいかいし》ではなく、少《すこ》し体《からだ》を動《うご》かしたいと思《おも》っているのは相手《あいて》も同《おな》じはずですよ。

答《こた》えがわかったらページをめくってね

30の答《こた》え ▶動《うご》かせます

対戦相手《たいせんあいて》とのラリーを２分間行《ふんかんおこな》う

コートに入《はい》ってから、じゃんけんやラケットチェックを終《お》えたあと、対戦相手《たいせんあいて》とラリーを2分間行《ふんかんおこな》うことができます。ただし、大会《たいかい》の開催時間《かいさいじかん》が長引《ながび》いているときなどは、短《みじか》くなる場合《ばあい》もあるので注意《ちゅうい》してください。また、ラリーは前進《ぜんしん》回転《かいてん》のフォア打《う》ちとバック打《う》ちが一般的《いっぱんてき》です。これは、試合前《しあいまえ》にサービスを相手《あいて》に見《み》せたくない、といった心理状況《しんりじょうきょう》からきているものです。体《からだ》を動《うご》かすと同時《どうじ》に、相手《あいて》の球質《きゅうしつ》や会場《かいじょう》の雰囲気《ふんいき》、感覚《かんかく》といったものを感《かん》じ取《と》りましょう。

▲ダブルスの場合《ばあい》でも試合前《しあいまえ》のラリーは対戦相手《たいせんあいて》と行《おこな》う

頭《あたま》も体《からだ》もクールダウン〜
だめらしいよ……
ええ!?　だって、
汗《あせ》だくで試合《しあい》できないよ〜
7 11 5

問題《もんだい》

31

初級《しょきゅう》　中級　上級

試合中《しあいちゅう》にタオルで汗《あせ》を拭《ふ》いたら怒《おこ》られてしまいました。どうしてでしょう?

ヒント
hint

お互《たが》いが何回《なんかい》も汗《あせ》を拭《ふ》いて試合《しあい》を中断《ちゅうだん》させていたら、試合時間《しあいじかん》がとても長《なが》くなってしまいますね。

答《こた》えがわかったらページをめくってね

31の答《こた》え

タオルを使《つか》うタイミングは決《き》められています

自分《じぶん》と相手《あいて》の得点《とくてん》を合《あ》わせて6点《てん》ごとにタオルの使用《しよう》が認《みと》められている

なんで

タオルの使用《しよう》は、お互《たが》いの点数《てんすう》を合《あ》わせて6点《てん》ごと

試合中《しあいちゅう》にタオルを使《つか》ってよいタイミングは、自分《じぶん》と相手《あいて》の点数《てんすう》を合《あ》わせて、6点《てん》ごととルールで決《き》められています。それ以外《いがい》のタイミングで汗《あせ》をぬぐう場合《ばあい》は、ユニフォームや手《て》などで軽《かる》く拭《ふ》きましょう。

ただし、台《だい》に汗《あせ》が落《お》ちたり、ラバーに汗《あせ》がつくなどして、どうしてもタオルを使用《しよう》したい場合《ばあい》には、対戦相手《たいせんあいて》や審判《しんぱん》に許可《きょか》を取《と》ることで、タオルを使用《しよう》することはできます。これらは決《き》められたタイムアウトではありませんので、汗《あせ》をぬぐったらすぐに台《だい》へと戻《もど》りましょう。

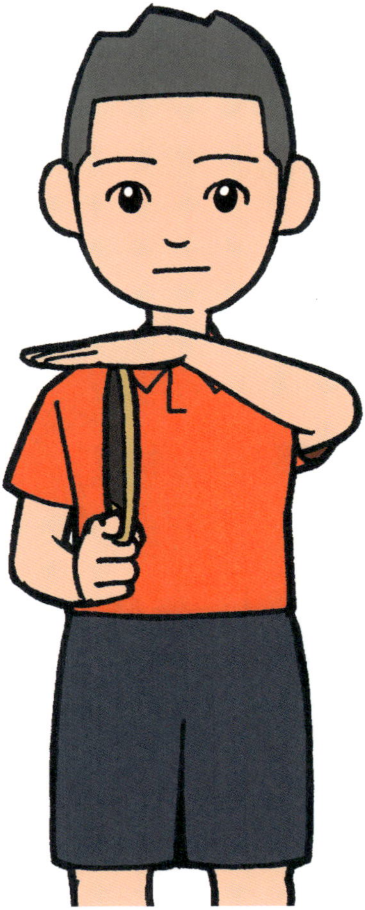

問題《もんだい》 32

初級《しょきゅう》　中級　上級

□に入《はい》る数字《すうじ》を選《えら》んでください。タイムアウトは試合中《しあいちゅう》に1人《ひとり》□回《かい》まで取《と》ることができます

1. 1
2. 3
3. 5

ヒント
hint

シングルスなら1人《ひとり》□回《かい》まで、ダブルスなら1ペア□回《かい》までタイムアウトが取《と》れます。シングルスでもダブルスでも同《おな》じ回数《かいすう》です。

32の答《こた》え▼

1

1回《かい》

トップレベルの大会《たいかい》では、
タイムアウト中《ちゅう》は下《した》のイラストのように
タイマーが卓球台《たっきゅうだい》に
置《お》かれるよ

56

?
なんで

1試合《しあい》で1人《ひとり》（ペア）1回《かい》まで タイムアウトが取《と》れます

個人戦《こじんせん》でも団体戦《だんたいせん》でも、1試合《しあい》のなかで1人《ひとり》（ペア）につき取《と》ることができるタイムアウトは、1回《かい》までです。タイムアウトは1回《かい》につき1分間《ぷんかん》で、ラリーが行《おこな》われていない試合中《しあいちゅう》であれば、いつでも審判《しんぱん》に申請《しんせい》することができます。また、問題《もんだい》31で説明《せつめい》した6点《てん》ごとのタオル使用《しよう》とはちがい、タイムアウト中《ちゅう》にはできることも多《おお》いので111ページを見《み》て確認《かくにん》しておきましょう。

POINT

タイムアウトにまつわるQ&A

Q タイムアウト中《ちゅう》にコーチからアドバイスを受《う》けられますか？

A 受《う》けられます。ラリー中《ちゅう》はコーチからアドバイスを受《う》けることは禁止《きんし》されていますが、タイムアウト中《ちゅう》は1分《ぶん》以内《いない》でコーチと話《はな》すことが可能《かのう》です。また、タオルを使《つか》ったり、ドリンクを飲《の》んだりすることもできます。

Q 選手《せんしゅ》以外《いがい》でもタイムアウトは取《と》れる？

A 監督《かんとく》やコーチならば申請《しんせい》することができます。ただし、団体戦《だんたいせん》の場合《ばあい》は監督《かんとく》が申請《しんせい》したタイムアウトはすぐに適用《てきよう》されますが、個人戦《こじんせん》の場合《ばあい》はあくまでも選手主体《せんしゅしゅたい》の考《かんが》えかたから、監督《かんとく》がタイムアウトを申請《しんせい》しても、プレーをしている選手《せんしゅ》が必要《ひつよう》ないと判断《はんだん》したら、タイムアウトを却下《きゃっか》することが可能《かのう》です。

Q 対戦相手《たいせんあいて》が戻《もど》ったら自分《じぶん》も戻《もど》らなければいけない？

A タイムアウトを取《と》った選手《せんしゅ》に権利《けんり》があります。例《たと》えばAさんとBさんが試合《しあい》をしていて、Aさんがタイムアウトを申請《しんせい》したとしましょう。その場合《ばあい》、Aさんが30秒《びょう》で台《だい》に戻《もど》った場合《ばあい》は、Bさんも戻《もど》ってプレーを再開《さいかい》しなければいけません。ただし、タイムアウトを取《と》ったAさんではなく、Bさんが先《さき》に台《だい》に戻《もど》ってもAさんは時間《じかん》いっぱいまでタイムアウトを使《つか》うことができます。

PO!NT

タイムアウトについて、できることとできないことを知《し》っておこう

OK! できること

- タイムアウトは１試合《しあい》で１人《ひとり》１回《かい》まで申請《しんせい》できる
- タイムアウト中《ちゅう》はタオルの使用《しよう》やドリンクを飲《の》むことができる
- コーチからアドバイスを受《う》けることができる
- 自分《じぶん》が申請《しんせい》したタイムアウトは、相手《あいて》が台《だい》に戻《もど》っても時間《じかん》いっぱい使《つか》える
- 個人戦《こじんせん》では監督《かんとく》が申請《しんせい》したタイムアウトを選手《せんしゅ》が取《と》り下《さ》げることができる

NG! できないこと

- １試合《しあい》で１人《ひとり》が２回《かい》、３回《かい》とタイムアウトを申請《しんせい》することはできない
- 相手《あいて》が申請《しんせい》したタイムアウトでは、相手《あいて》が戻《もど》っているのに自分《じぶん》が戻《もど》らないでいることはできない
- 団体戦《だんたいせん》では監督《かんとく》が申請《しんせい》したタイムアウトを選手《せんしゅ》が取《と》り下《さ》げることはできない

問題《もんだい》33

初級《しょきゅう》 中級 上級

試合中《しあいちゅう》には、相手《あいて》とコートのサイドを入《い》れかえることがあります。そのタイミングはいつでしょうか？

1 ゲームオールでどちらかが5点取《てんと》ったあと

2 1ゲームが終《お》わるごと

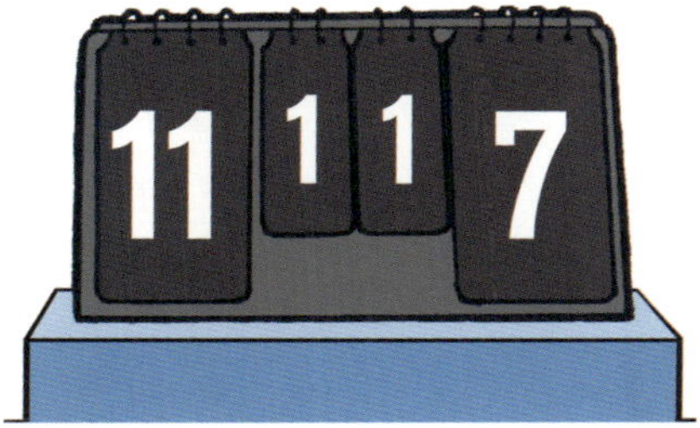

3 デュースのとき

ヒント
hint

試合《しあい》の進《すす》み具合《ぐあい》によって、チェンジコートのタイミングが変《か》わるので、正解《せいかい》は二《ふた》つあります。イラストの数字《すうじ》をよく見《み》てみましょう。

▶ゲームオール

互《たが》いに2ゲームずつ取《と》り、最終《さいしゅう》ゲームにもつれこんだ状態《じょうたい》

 答《こた》えがわかったらページをめくってね

33の答《こた》え ▼ 2

2 1ゲームが終《お》わるごと

1 ゲームオールでどちらかが5点《てん》取《と》ったあと

最終《さいしゅう》ゲームはどちらかが5点《てん》取《と》ったあとに交替《こうたい》する

チェンジコートは1ゲームが終《お》わるたびに行《おこな》いますが、最終《さいしゅう》ゲーム（7ゲームマッチでは第《だい》7ゲーム、5ゲームマッチでは第《だい》5ゲーム）だけは、どちらかが5点《てん》取《と》ったあとにも、チェンジコートを行《おこな》います。また、ゲーム間《かん》のチェンジコート時《じ》には1分間《ぶんかん》の休憩《きゅうけい》も認《みと》められ、タイムアウトと同《おな》じ行動《こうどう》を取《と》ることができます。

▲基本的《きほんてき》には1ゲームの勝敗《しょうはい》がつくごとにチェンジコートが行《おこな》われる

▲最終《さいしゅう》ゲームのみ、どちらかが5点《てん》を取《と》ったあとにも行《おこな》われる

問題《もんだい》 34

初級《しょきゅう》 中級 上級

試合中《しあいちゅう》（またはラリー中《ちゅう》）に審判《しんぱん》から試合《しあい》を止《と》められました。なんのルールが適用《てきよう》されたのでしょうか？

ヒント
hint

1ゲームにかかる時間《じかん》が長《なが》かったと予想《よそう》されます。
その場合《ばあい》に適用《てきよう》されるルールは何《なに》か考《かんが》えましょう。

34の答《こた》え

促進《そくしん》ルール

▶促進《そくしん》ルール

試合時間《しあいじかん》の短《たん》縮《しゅく》を目的《もくてき》としたルール

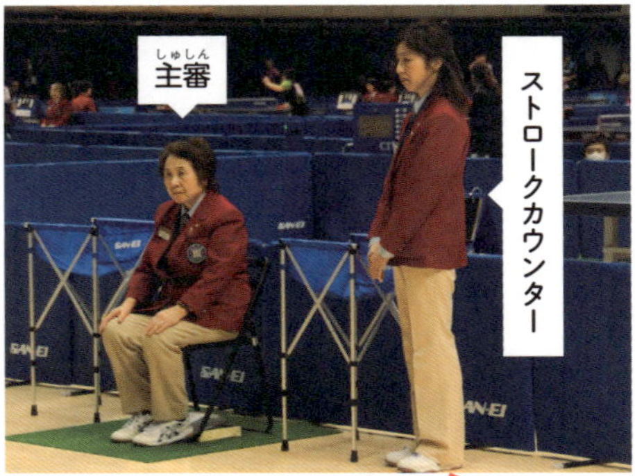

▶主審《しゅしん》（左《ひだり》）の横《よこ》に立《た》っている人《ひと》をストロークカウンターといい、ラリーの数《かず》を数《かぞ》える役割《やくわり》になる

なんで

試合時間《しあいじかん》が長引《ながび》くのを防《ふせ》ぐ

促進《そくしん》ルールとは、試合時間《しあいじかん》が長引《ながび》くのを防《ふせ》ぐためのルールです。ゲーム開始後《かいしご》、10分《ぶん》を経過《けいか》してもお互《たが》いの得点合計《とくてんごうけい》が18点《てん》に達《たっ》していない（17点以下《てんいか》の）場合《ばあい》に適用《てきよう》されます。促進《そくしん》ルールが適用《てきよう》されると、サーバー側《がわ》はサービスを含《ふく》めて自分《じぶん》が13球《きゅう》を打《う》つまでに決《き》めなければ相手《あいて》の得点《とくてん》となり、レシーバー側《がわ》は13球《きゅう》を返《かえ》せば自分《じぶん》の得点《とくてん》になります。このルールは、第《だい》1ゲームから第《だい》7ゲームの間《あいだ》、いつでも適用《てきよう》される可《か》能性《のうせい》があり、適用《てきよう》されたら試合《しあい》が終《お》わるまで解除《かいじょ》はされません。

また、ラリー中《ちゅう》にコールされた場合《ばあい》はサーバーが、それ以外《いがい》のときにコールされた場合《ばあい》はレシーバーが次《つぎ》のサービスを打《う》ちます。促進《そくしん》ルール適用後《てきようご》は、サービスが一本交代《いっぽんこうたい》になることもおぼえておきましょう。

問題《もんだい》

35

上級

中級《ちゅうきゅう》

ジャッジに不満《ふまん》がある場合《ばあい》、だれに抗議《こうぎ》すればいいでしょうか？

1 対戦相手《たいせんあいて》

2 監督《かんとく》・コーチ

3 審判《しんぱん》

判定《はんてい》に
納得《なっとく》いかないときは
すぐに言《い》おうね！

＼ヒント／
hint

ボールのインやアウトなどをジャッジしている人《ひと》に抗議《こうぎ》するのが正《ただ》しいですね。

答《こた》えがわかったらページをめくってね

35の答《こた》え ▶ 3 審判《しんぱん》

なんで

ジャッジをしている審判《しんぱん》に抗議《こうぎ》しましょう

抗議《こうぎ》をすることは、マナー違反《いはん》ではありません。ジャッジに不満《ふまん》がある場合《ばあい》は、落《お》ちついて審判《しんぱん》に抗議《こうぎ》をしましょう。また、個人戦《こじんせん》では選手本人《せんしゅほんにん》のみに抗議《こうぎ》をする権限《けんげん》がありますが、団体戦《だんたいせん》ではプレーをしている選手以外《せんしゅいがい》に、監督《かんとく》やコーチにも抗議《こうぎ》をする権限《けんげん》があることをおぼえておいてください。

これ知《し》ってる？ エッジとサイドのちがい

抗議《こうぎ》の対象《たいしょう》となりやすいのが、エッジかサイドにボールがあたった場合《ばあい》の判定《はんてい》です。台《だい》の角《かど》の部分《ぶぶん》であるエッジにあたった場合《ばあい》は“イン”、台《だい》の横《よこ》であるサイドにあたった場合《ばあい》は“アウト”になります。かんたんな見分《みわ》けかたとしては、エッジにあたったボールは斜《なな》め上《うえ》にあがりやすく、サイドにあたるときはボールを下《した》から打《う》っていることが多《おお》いので、下《した》に落《お》ちやすくなります。どういう角度《かくど》から相手《あいて》が打《う》ってきて、台《だい》にどうあたったのかも参考《さんこう》にして考《かんが》えるとよいでしょう。

エッジ

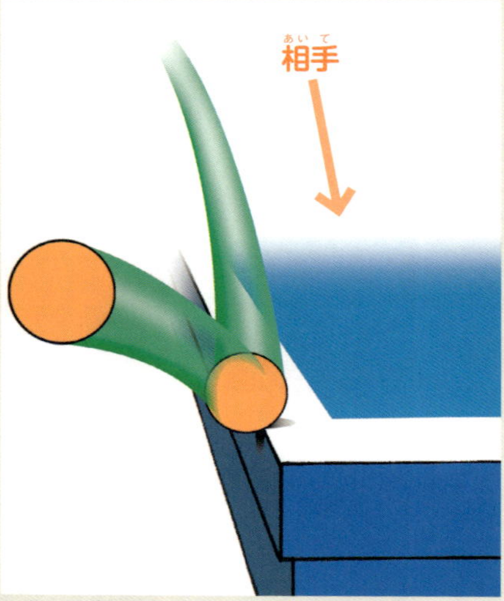

▲台《だい》の角《かど》の部分《ぶぶん》で、ボールがあたるとインの判定《はんてい》となる

サイド

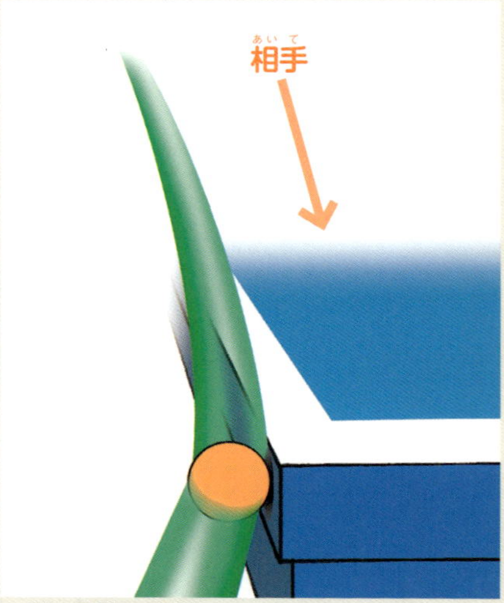

▲台《だい》の横側《よこがわ》の部分《ぶぶん》で、ボールがあたるとアウトの判定《はんてい》になる

問題《もんだい》 36 中級《ちゅうきゅう》

ダブルスの試合《しあい》で、自分《じぶん》が2回《かい》続《つづ》けて打《う》ったら相手《あいて》の得点《とくてん》になってしまいました。どうしてでしょう？

だって自分《じぶん》のほうに
ボールがきたんだもん…。

シングルスのときとは
ルールがちがうね

ヒント
hint

ダブルスにはシングルスとは異《こと》なる特別《とくべつ》なルールがあります。これもその一《ひと》つで1人《ひとり》が続《つづ》けて打《う》ってはいけません。

36の答《こた》え

▼

「交互《こうご》に打《う》つ」というルールがあるから

なんで

ペアで交互《こうご》に打《う》って2人《ふたり》で一緒《いっしょ》に戦《たたか》おう

ダブルスも、きほん的《てき》なルールはシングルスと同《おな》じです。しかし、なかには2人《ふたり》でペアを組《く》んで戦《たたか》うダブルスならではのルールもあります。この交互《こうご》に打《う》つというのもその一《ひと》つで、ダブルスでは1人《ひとり》が2球以上続《きゅういじょうつづ》けて打《う》ってはいけません。必《かなら》ず1球《きゅう》ごとにペアで交替《こうたい》しながら打《う》っていきましょう。

NG! 1人《ひとり》が2球以上続《きゅういじょうつづ》けて打《う》つ

▼ Aさんが1球目《きゅうめ》を打《う》つ

▲ Aさんが続《つづ》けて2球目《きゅうめ》を打《う》つ

問題《もんだい》

37

中級《ちゅうきゅう》

ダブルスのサービスはどこに打《う》つのが正《ただ》しいでしょうか？

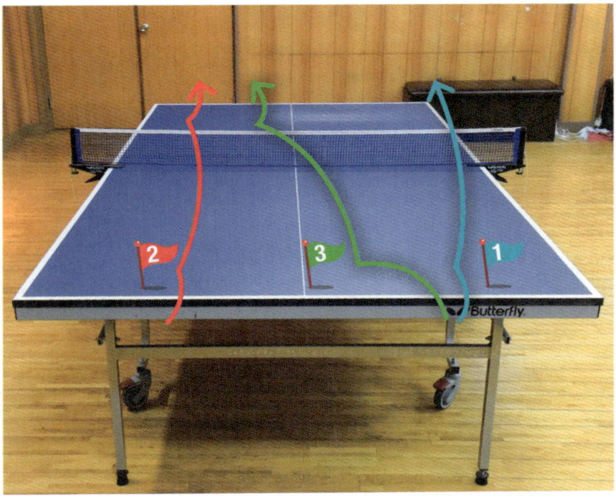

1 台《だい》の右《みぎ》サイドから好《す》きなコースに打《う》てる

2 台《だい》の左《ひだり》サイドから相手側《あいてがわ》の右《みぎ》サイドに打《う》つ

3 台《だい》の右《みぎ》サイドから相手側《あいてがわ》の右《みぎ》サイドに打《う》つ

ヒント
hint

これもダブルス特有《とくゆう》のルールの一《ひと》つ。シングルスは好《す》きなコースに打《う》てますが、ダブルスでは第《だい》1・2バウンドをさせるエリアが決《き》まっています。

 答《こた》えがわかったらページをめくってね

37の答《こた》え

▼ 3

台《だい》の右《みぎ》サイドから相手側《あいてがわ》の右《みぎ》サイドに打《う》つ

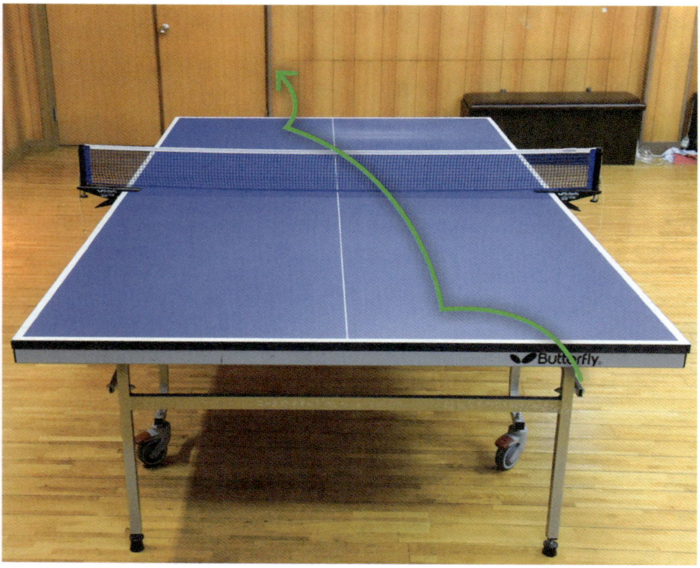
Butterfly

立《た》つ位置《いち》も右《みぎ》サイドだね。
また、左利《ひだりき》きの選手《せんしゅ》でも同《おな》じように
右《みぎ》サイドから打《う》つよ

なんで

ダブルスはサービスを打《う》つコースが決《き》まっている

ダブルスのサービスでは、まず自分側《じぶんがわ》の台《だい》の右半分《みぎはんぶん》で第《だい》1バウンドをさせ、ネットを越《こ》えて相手側《あいてがわ》の台《だい》の右半分《みぎはんぶん》で第《だい》2バウンドをさせなければいけません。第《だい》1バウンドが自分側《じぶんがわ》の左半分《ひだりはんぶん》のエリアだったり、第《だい》2バウンドが相手側《あいてがわ》の左半分《ひだりはんぶん》のエリアであったりするとアウトと判定《はんてい》されます。必《かなら》ず、台《だい》の右側《みぎがわ》から対角線《たいかくせん》のエリアに向《む》けてサービスを打《う》つようにしましょう。

問題《もんだい》
38
中級《ちゅうきゅう》

ダブルスではサービスをどの順番《じゅんばん》で打《う》つのが正《ただ》しいでしょうか？

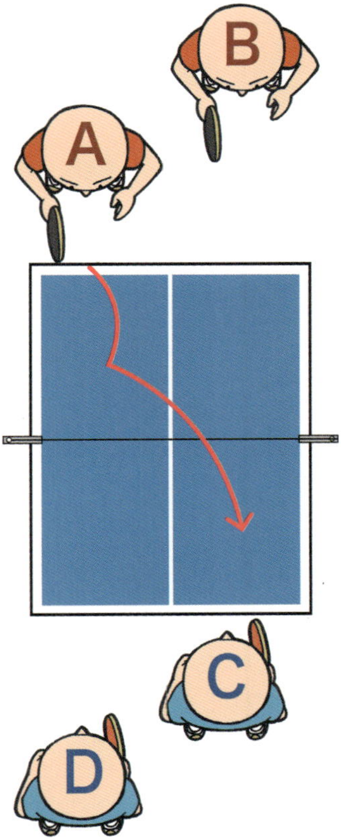

1 A → B → C → D

2 A → C → B → D

3 A → D → B → C

図《ず》は全員《ぜんいん》が右利《みぎき》きだよ。
右利《みぎき》き同士《どうし》のペアを
「右《みぎ》・右《みぎ》」、右利《みぎき》きと左利《ひだりき》きの
ペアを「右《みぎ》・左《ひだり》」と
呼《よ》ぶこともあるんだって

ヒント
hint

ダブルスでもシングルスと同《おな》じように、2球《きゅう》で相手《あいて》とサービスを交替《こうたい》しながらゲームが進行《しんこう》します。

 答《こた》えがわかったらページをめくってね

38の答《こた》え ▶ 2 A→C→B→D

流《なが》れで見《み》ると

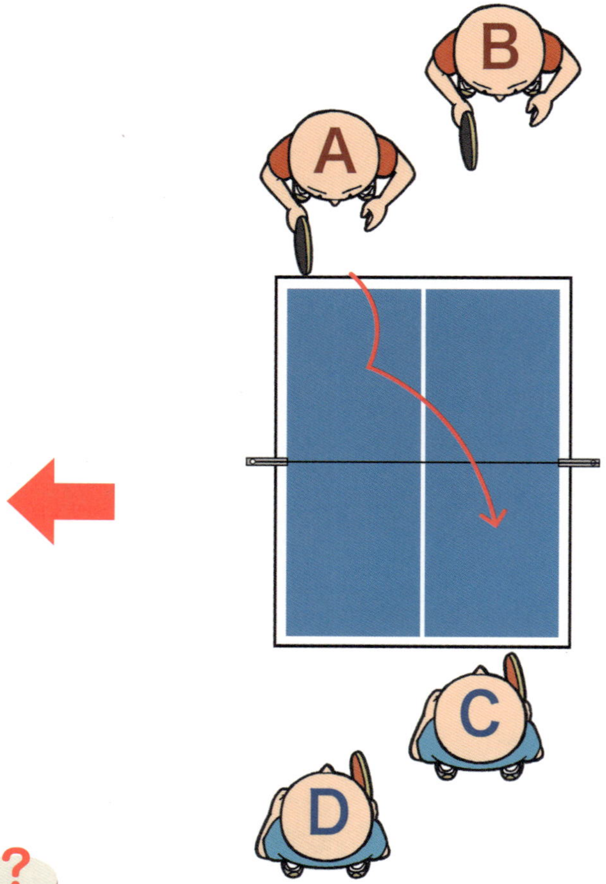

なんで

レシーブ→サービスで交代《こうたい》という順序《じゅんじょ》をおぼえよう

Aのサービス、Cのレシーブで試合《しあい》が始《はじ》まった場合《ばあい》、Aが2球打《きゅうう》ったら、次《つぎ》のサーバーはレシーブをしていたCとなり、Bがレシーバーになります。そして、次《つぎ》はレシーバーだったBがサービスを打《う》ち、Dがレシーブをする。レシーバーだった人《ひと》が次《つぎ》のサーバーになって、そのあとペアと交代《こうたい》するという順序《じゅんじょ》をおぼえておきましょう。上《うえ》のイラスト後《ご》も試合《しあい》を続《つづ》けるとすれば、次《つぎ》はDのサービス、Aのレシーブということになります。

これ知《し》ってる？ 右利《みぎき》きと左利《ひだりき》きのペア「右《みぎ》・左《ひだり》」の場合《ばあい》

A
B
C
D

　多《おお》くは右利《みぎき》き同士《どうし》のペアですが、まれに右利《みぎき》きと左利《ひだりき》きがペアを組《く》むことがあります。この場合《ばあい》、図《ず》のCとDのようなフォーメーションをとります。こうすることで、2人《ふたり》がちがうほうの手《て》にラケットを持《も》つ利《り》点《てん》を生《い》かすことができるのです。

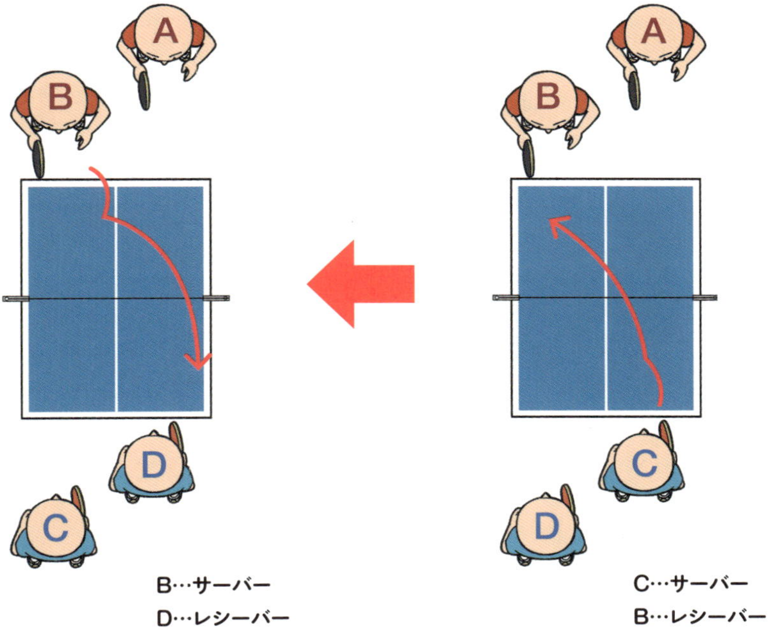
A
B
D
C
B…サーバー
D…レシーバー
A
B
C
D
C…サーバー
B…レシーバー

POINT

次《つぎ》のゲームでは、受《う》けていない人《ひと》のサービスをレシーブする

　第《だい》1ゲームはAのサービス、Cのレシーブで試合《しあい》が始《はじ》まっていますが、第《だい》2ゲームはレシーバーだったCのサービスから開《かい》始《し》しなくてもOKです。CとDどちらのサービスからでも試合《しあい》が開始《かいし》でき、もしDのサービスから始《はじ》まる場合《ばあい》は、Bがレシーブをすることになります。第《だい》1ゲームとは異《こと》なる人《ひと》のサービスを受《う》けるとおぼえておきましょう。

知《し》ってお こう!

グッドマナーとバッドマナー

参考《さんこう》：日本《にほん》卓球《たっきゅう》協会《きょうかい》発行《はっこう》マナーブック『勝利《しょうり》をめざす前《まえ》に大切《たいせつ》なことがある。』

バッドマナー

NG!

声《こえ》や身振《みぶ》り手振《てぶ》りで
相手《あいて》を威圧《いあつ》する

NG!

大声《おおごえ》を出《だ》したり
おおげさなガッツポーズをする

NG!
悔《くや》しいときなどに
台《だい》をたたく

NG!
ボールを拾《ひろ》うフリをしながら
決《き》められた時間以外《じかんいがい》で
監督《かんとく》やコーチと話《はな》す

ひどいときはイエロー＆レッドカードも！

バッドマナーにあたる行為《こうい》は、相手《あいて》を不快《ふかい》な思《おも》いにさせるだけではありません。目《め》に余《あま》るバッドマナーに対《たい》しては、審判《しんぱん》からイエローカードやレッドカードが出《だ》されることもあります。イエローカードはバッドマナーに対《たい》する警告《けいこく》で、それでも改善《かいぜん》されない場合《ばあい》にはレッドカードが提示《ていじ》され、相手《あいて》に1ポイントが入《はい》ります。1ポイントを失《うしな》うからではなく、気持《きも》ちよく試合《しあい》をするためにもマナーは守《まも》りましょう。

グッドマナー

OK!

試合後《しあいご》には審判《しんぱん》や対戦相手《たいせんあいて》との握手《あくしゅ》を心《こころ》がけよう

OK!

自分《じぶん》に有利《ゆうり》な判定《はんてい》でも、審判《しんぱん》の判定《はんてい》がちがっていたら正直《しょうじき》に申告《しんこく》しよう

アウト！
え〜！？ イン でしょー！！
すみません 今《いま》のボールは インでした

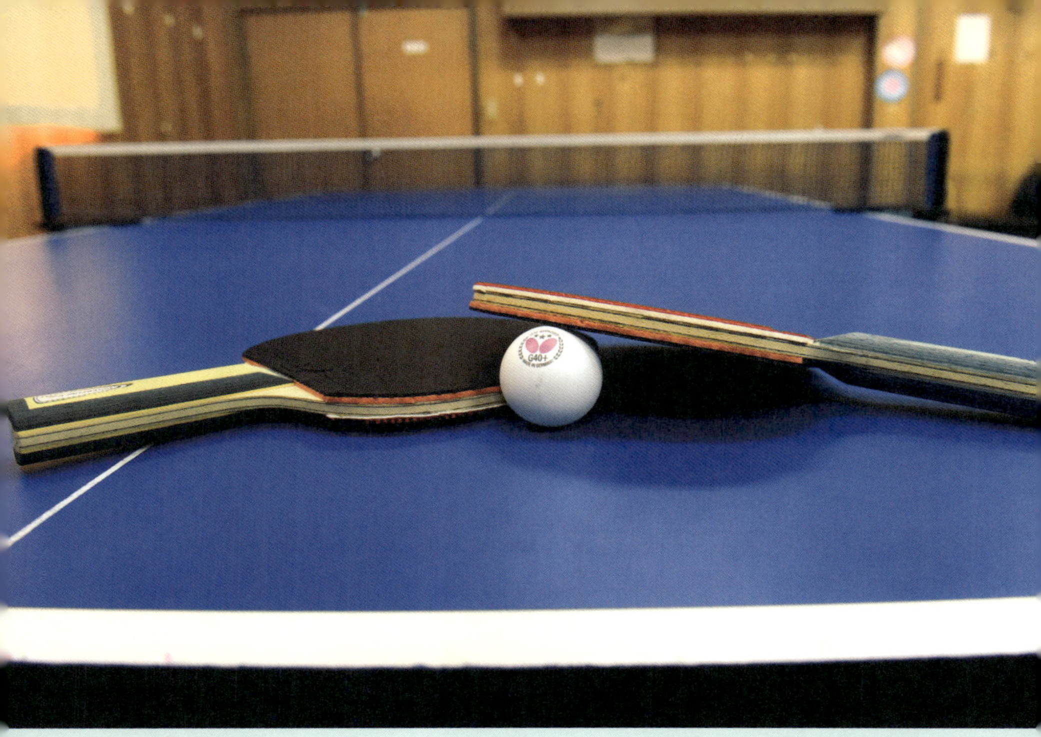

第《だい》5章《しょう》

卓球《たっきゅう》物《もの》知《し》りクイズ

問題《もんだい》

39

上級《じょうきゅう》

中級

卓球台《たっきゅうだい》のなかの□に、次《つぎ》の数字《すうじ》を入《い》れてください。

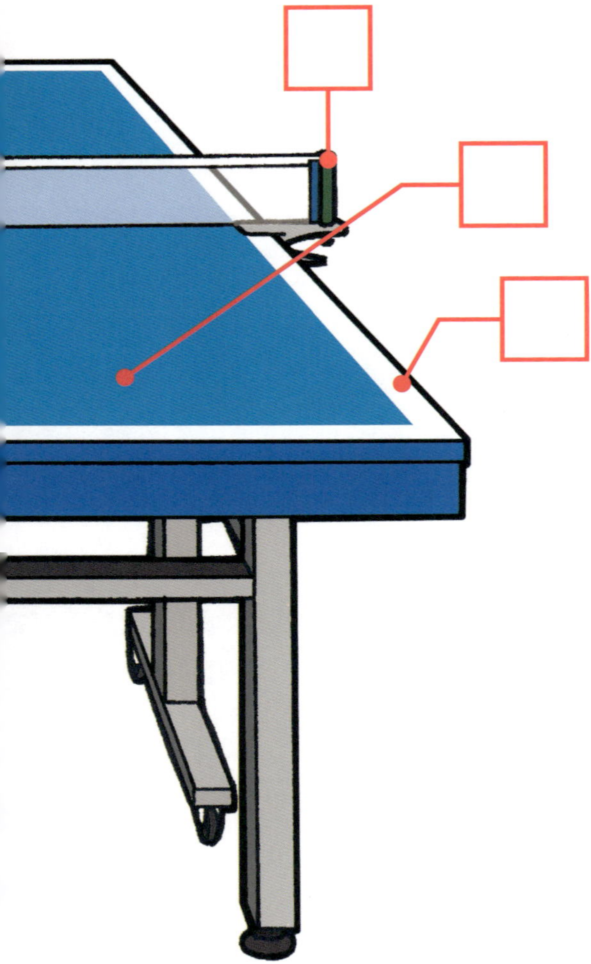

1 **プレーイングサーフェス**

テーブルのコート表面《ひょうめん》のことです。

2 **センターライン**

コートの中央《ちゅうおう》、タテに引《ひ》かれた白《しろ》いラインのことです。

3 **エンドライン**

コートの一番後《いちばんうし》ろ側《がわ》（両《りょう》側《がわ》）に引《ひ》かれている白《しろ》いラインのことです。

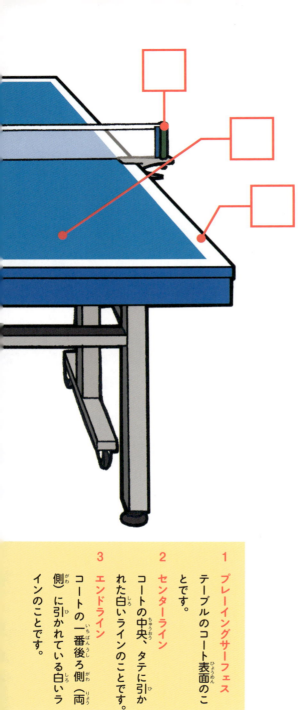

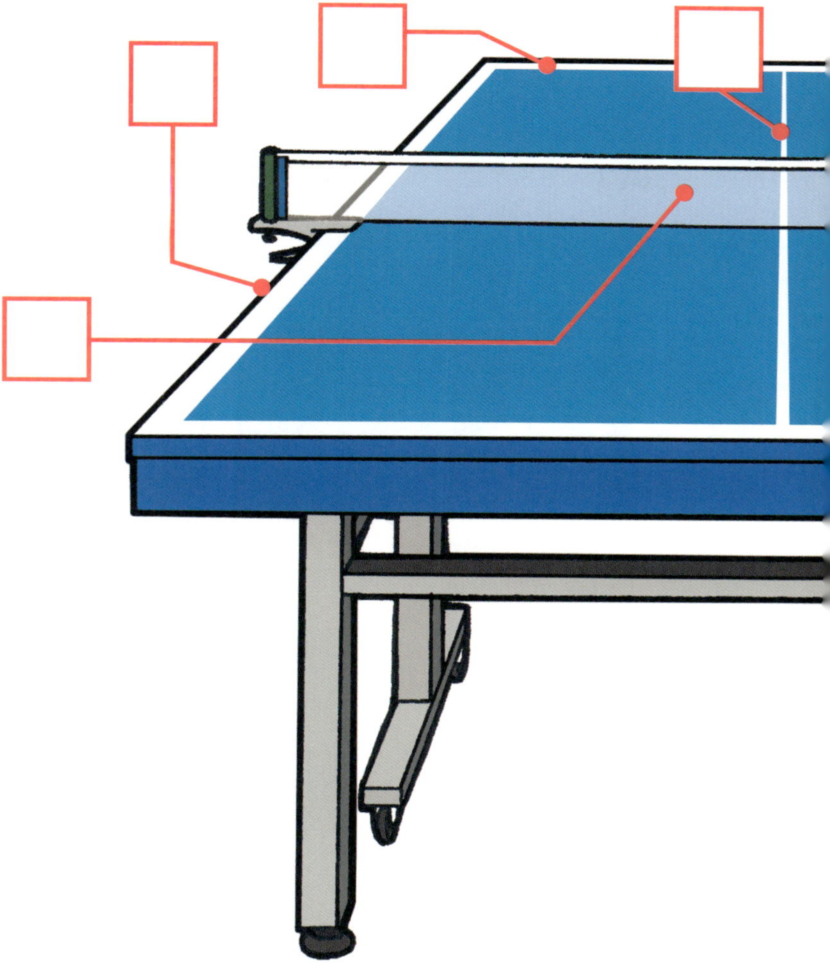

4 **サイドライン**
センターラインと平行《へいこう》して、コートの両端《りょうはし》に引《ひ》かれている白《しろ》いラインです。

5 **エッジ**
コートの端《はし》の角《かど》の部分《ぶぶん》をさします。(エッジとサイドのちがいは118ページ)

6 **ネット**
コートの中央《ちゅうおう》に張《は》られた、網状《あみじょう》のネットをさします。

7 **サポート**
コートにネットを張《は》るための金具部分《かなぐぶぶん》のことです。

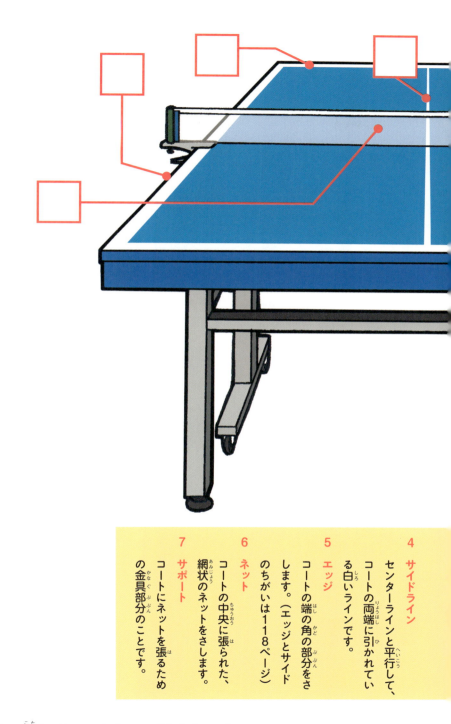

39の答《こた》え

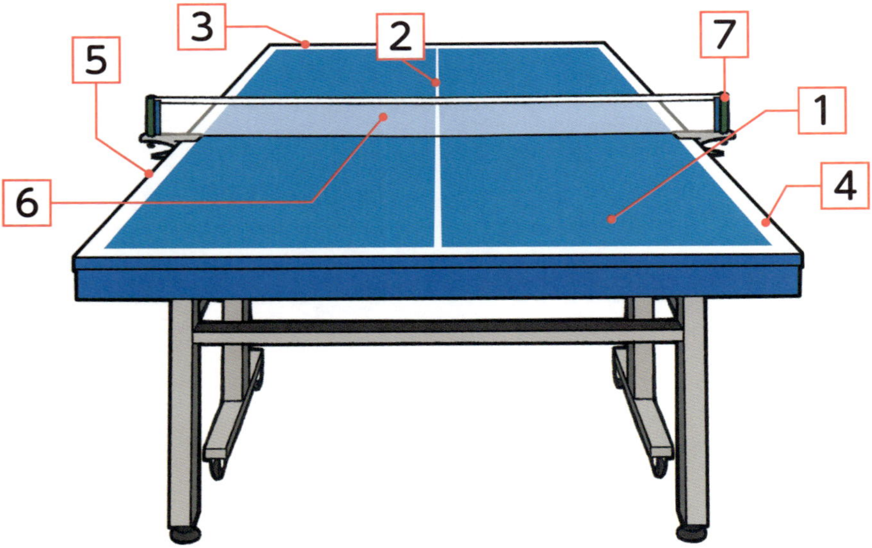

3
2
7
5
1
6
4

全部正解《ぜんぶせいかい》できたかな？
大切《たいせつ》なことなので
きちんとおぼえてね！

これ知《し》ってる？ 台《だい》以外《いがい》にも決《き》まっている。試合《しあい》での競技領域《きょうぎりょういき》

　競技領域《きょうぎりょういき》とは、台《だい》の周《まわ》り、選手《せんしゅ》が動《うご》くスペースの広《ひろ》さのことです。卓球《たっきゅう》の試合《しあい》でフェンスで囲《かこ》われているエリアをさします。この広《ひろ》さも、長《なが》さ14メートル以上《いじょう》、幅《はば》7メートル以上《いじょう》の長方形《ちょうほうけい》、高《たか》さも5メートル以上《いじょう》と、ルールで決《き》められています。

問題《もんだい》40
上級《じょうきゅう》
中級

卓球《たっきゅう》は、いつ、どこで、どのように始《はじ》まりましたか？ それぞれ選《えら》んでください

いつ

1. 1770年代《ねんだい》
2. 1890年代《ねんだい》
3. 1930年代《ねんだい》

1770年代《ねんだい》、日本《にほん》は江戸時代《えどじだい》。
世界《せかい》じゅうでは何《なに》が
起《お》きていたんだろう…？

どこで

1. アメリカ
2. ドイツ
3. イギリス

きっかけ

1. 食後《しょくご》にシャンパンのコルクを打《う》ちはじめたことが発展《はってん》した
2. テニス選手《せんしゅ》が雨《あめ》の日《ひ》に室内《しつない》で練習《れんしゅう》したことが発展《はってん》した
3. 広《ひろ》いスペースを使《つか》わない室内《しつない》でできるスポーツとして考《かんが》えられた

答《こた》えがわかったらページをめくってね

40の答《こた》え

▶ いつ 2 1890年代《ねんだい》

▶ どこで 3 イギリス

▶ きっかけ 1 と 2

きっかけについてはさまざまな説《せつ》があり、1 食後《しょくご》にシャンパンのコルクを打《う》ちはじめた遊《あそ》びから発展《はってん》した、2 テニス選手《せんしゅ》が雨《あめ》の日《ひ》に室内《しつない》で練習《れんしゅう》したなど、それらのことがきっかけではないかといわれています。

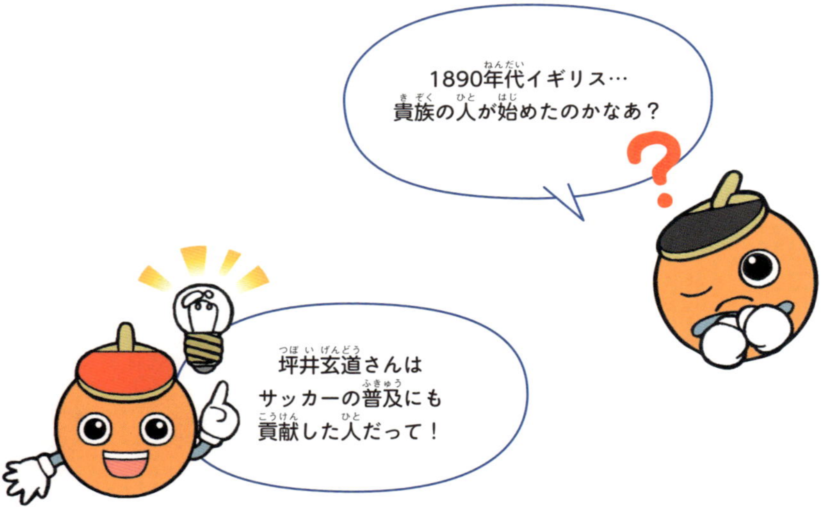

1890年代《ねんだい》イギリス…
貴族《きぞく》の人《ひと》が始《はじ》めたのかなあ？
坪井玄道《つぼいげんどう》さんは
サッカーの普及《ふきゅう》にも
貢献《こうけん》した人《ひと》だって！

これ知《し》ってる？ 日本《にほん》に卓球《たっきゅう》が伝《つた》わったのは 1902 年《ねん》

日本《にほん》では、明治《めいじ》35年《ねん》（1902年《ねん》）にヨーロッパの体育視察《たいいくしさつ》から帰国《きこく》した、東京高等師範学校《とうきょうこうとうしはんがっこう》教授《きょうじゅ》の坪井玄道氏《つぼいげんどうし》により、卓球《たっきゅう》が伝《つた》えられたといわれています。その後《ご》、さまざまな経緯《けいい》を経《へ》て、昭和《しょうわ》6年《ねん》（1931年《ねん》）に現在《げんざい》の日本卓球協会《にほんたっきゅうきょうかい》の前身《ぜんしん》となる日本卓球会《にほんたっきゅうかい》が発足《ほっそく》。以来《いらい》、大《おお》きく普及《ふきゅう》・発展《はってん》しています。

問題《もんだい》41 上級《じょうきゅう》

ラケットの大《おお》きさはどれくらいまで認《みと》められているでしょうか？

1. タテ 160 ミリ×横《よこ》 150 ミリ
2. タテ 200 ミリ×横《よこ》 180 ミリ
3. 制限《せいげん》なし

100ミリは
10センチだね

問題《もんだい》42 上級《じょうきゅう》

手《て》の甲《こう》でボールを打《う》ち返《かえ》したらどうなるでしょうか？

1. 相手《あいて》に 1 点《てん》が与《あた》えられる
2. そのままプレーが続《つづ》けられる
3. プレーを最初《さいしょ》からやりなおす

不規則《ふきそく》な回転《かいてん》が
かかりそう？

41の答《こた》え ▶ 3 制限《せいげん》なし

なんで

ラケットのサイズに決《き》まりはない

実《じつ》は、競技規則《きょうぎきそく》に材質《ざいしつ》の決《き》まり（天然《てんねん》の木《き》を85パーセント以上使用《いじょうしよう》すること）はあっても、大《おお》きさに関《かん》する決《き》まりはありません。ですから、どんなに大《おお》きくてもITTFやJTTAの許可《きょか》を取《と》れば大会《たいかい》などでも使用《しよう》することは可能《かのう》です。ただし、それが使《つか》いやすいとはかぎりません……。

42の答《こた》え ▶ 2 そのままプレーが続《つづ》けられる

なんで

手首《てくび》から下《した》はボールがあたってもOK

手《て》の甲《こう》や指先《ゆびさき》などにあたっても、わざとその部位《ぶい》を使《つか》ってボールを打《う》ち返《かえ》したのではない場合《ばあい》は、反則《はんそく》やペナルティになりません。ただし、明《あき》らかにラケットを使《つか》わずに素手《すで》で返球《へんきゅう》するのはやめましょう。

問題《もんだい》 43 上級《じょうきゅう》

中級

1〜5はさまざまな卓球《たっきゅう》の団体《だんたい》の略称《りゃくしょう》です。それぞれ正式名称《せいしきめいしょう》と組《く》み合《あ》わせてください

1 ITTF

2 JTTA

3 JTTL

4 ATTU

5 ETTU

A アジア卓球連合《たっきゅうれんごう》

B 国際卓球連盟《こくさいたっきゅうれんめい》

C ヨーロッパ卓球連合《たっきゅうれんごう》

D 日本卓球協会《にほんたっきゅうきょうかい》

E 日本卓球《にほんたっきゅう》リーグ実業団連盟《じつぎょうだんれんめい》

問題《もんだい》 44 上級《じょうきゅう》

中級

年齢《ねんれい》や性別《せいべつ》、身長《しんちょう》も関係《かんけい》なくたのしめる卓球《たっきゅう》ですが、国際卓球連盟《こくさいたっきゅうれんめい》に加盟《かめい》している協会《きょうかい》(国《くに》、地域《ちいき》含《ふく》む)はいくつあるでしょう?

1 100

2 150

3 222

43の答《こた》え

1	2	3	4	5
ITTF	JTTA	JTTL	ATTU	ETTU
↓	↓	↓	↓	↓
B	D	E	A	C
国際卓球連盟《こくさいたっきゅうれんめい》	日本卓球協会《にほんたっきゅうきょうかい》	日本卓球《にほんたっきゅう》リーグ実業団連盟《じつぎょうだんれんめい》	アジア卓球連合《たっきゅうれんごう》	ヨーロッパ卓球連合《たっきゅうれんごう》

44の答《こた》え ▶ 3 222

なんで

実《じつ》はあらゆる競技《きょうぎ》のなかで、一番加盟協会《いちばんかめいきょうかい》が多《おお》い

国際卓球連盟《こくさいたっきゅうれんめい》（ITTF）に加盟《かめい》する協会《きょうかい》は、2015年《ねん》に222の国《くに》と地域《ちいき》となり、国《こく》際的《さいてき》なスポーツ団体《だんたい》のなかでは、あらゆる競技《きょうぎ》のなかで一番加盟数《いちばんかめいすう》が多《おお》くなりました。1988年に卓球《たっきゅう》がオリンピック競技《きょうぎ》となったことや、これらの加盟協会数《かめいきょうかいすう》の数字《すうじ》からは、卓球《たっきゅう》というスポーツが世界中《せかいじゅう》で親《した》しまれていることの証《あかし》になっています。

卓球用語集（さくいん）

ア

上回転（前進回転）
ボールが上向きに回転すること。「前進回転」ともいう
…… 25・50・58・61・62・84・106

裏ソフトラバー
表面が平らなラバー。回転をかけやすいのが特徴
…… 20・24・57・104

表ソフトラバー
表面が低いツブのラバー。スピードを出しやすいのが特徴
…… 20・104

カ

カット
台から離れ、上から下方向へのスイングでボールに下回転をかける打法のこと
…… 115

カットマン
カットを主体に戦う選手のこと
…… 25

球質
ボールの回転や速さの性質
…… 20

サ

サーバー
サービスを打つ人のこと
…… 50・84・85・88～94・116

サービス
サーバーが打つ、ラリーを始める1球目のショットのこと。「サーブ」とも呼ばれる
…… 25・70～81・83～85・87～89・91～93・102・116・121～125

シェークハンド
「シェークハンドラケット」「シェーク」とも呼ばれる。握手をするようにグリップを握る
…… 16・17・24・104

下回転
ボールが下向きに回転すること。ラケットにあたると下に落ちる性質を持つ
…… 50・52～58・84・86

シングルス
1人対1人で行われる試合のこと
…… 9～11・109・119～121

スイング
…… 32・37・38・40・45～47・58・60・64・85・96

タ

ダブルス
2人対2人で行われる試合のこと。男女がペアを組むものは「ミックスダブルス」という
…… 9～11・109・119～123

タイムアウト
試合中に休むことができる、決められた時間
…… 37・39・40

打球点（打点）
空中でボールを打つところ。「打点」ともいう
…… 36

多球練習
たくさんのボールを使い、ノッカー（ボールを出す人）が出したボールを連続して打ち返す練習
…… 108～112

チェンジコート
選手がプレーするコートを交代すること
…… 113・114

ア

グリップ
ラケットの握りかた、または握る部分。卓球の握りは「シェークハンド」と「ペンホルダー」に大別される
…… 17・79

ゲームオール
互いに2ゲームずつ取り、最終ゲームにもつれこんだ状態
…… 113・114

サ

スマッシュ
ボールをはじくように強打する打法
…… 45・46・48・58・65・66

戦型
プレーをするうえでのスタイルのこと。「せんけい」とも読む
…… 24・25・104

前陣速攻
相手に時間やスキを与えないように台の近くから早いタイミングで返球していく戦型

ツッツキ …… 54・56・96
ボールの下《した》をつっつくように、短《みじか》いスイングで下回転《したかいてん》をかけるカット打法《だほう》

ツブ高《だか》ラバー …… 20
表面《ひょうめん》が細《ほそ》く高《たか》いツブのラバー。相手《あいて》の回転《かいてん》を利用《りよう》してボールを変化《へんか》させられるのが特徴《とくちょう》

トス …… 72・75・76・85
サービスのときにボールを投《な》げあげること

ドライブ …… 60・62・66
ボールに前進回転《ぜんしんかいてん》をかけてこするように打《う》つ打法《だほう》

ナ

ナックル …… 20
無回転《むかいてん》の球質《きゅうしつ》のこと

ハ

バック側《がわ》 …… 42・43
利《き》き腕《うで》が右《みぎ》であれば、卓球台《たっきゅうだい》のセンターラインよりも左側《ひだりがわ》のこと。利《き》き腕《うで》が左《ひだり》なら右側《みぎがわ》がバック側《がわ》になる

バックスイング 55・58・62～64・66～68・85・97・98
ボールを打《う》つ前《まえ》にラケットを引《ひ》く動作《どうさ》のこと

バックハンド … 37～40・56・60・84・89・90・93・94・96
利《き》き腕《うで》の反対側《はんたいがわ》で打《う》つこと、またはその技術《ぎじゅつ》の総称《そうしょう》。通称《つうしょう》「バック」

バック前《まえ》 …… 89・93
バック側《がわ》の前方《ぜんぽう》（ネット寄《よ》りの位置《いち》）のこと

バック面《めん》 …… 17・18・20
ラケットの、バックハンドを打《う》つ面《めん》

左横回転《ひだりよこかいてん》 …… 50・84・92
左回《ひだりまわ》りに回転《かいてん》したボール

フォア側《がわ》 …… 42・43
利《き》き腕《うで》が右《みぎ》であれば、卓球台《たっきゅうだい》のセンターラインよりも右側《みぎがわ》のこと。利《き》き腕《うで》が左《ひだり》なら左側《ひだりがわ》がフォア側《がわ》になる

フォアハンド …… 31～34・36・38・40・56・60・63・67・94・96
利《き》き腕側《うでがわ》で打《う》つこと、またはその技術《ぎじゅつ》の総称《そうしょう》。通称《つうしょう》「フォア」

フォア前《まえ》 …… 88・92・96
フォア側《がわ》の前方《ぜんぽう》（ネット寄《よ》りの位置《いち》）のこと

フォア面《めん》 …… 17・18・20・24
ラケットの、フォアハンドを打《う》つ面《めん》

フォロースルー …… 55・88・89・92・93
打球後《だきゅうご》に腕《うで》を振《ふ》り抜《ぬ》く動作《どうさ》のこと

フリック …… 95
台上《だいじょう》で相手《あいて》のボールを前進回転《ぜんしんかいてん》で打《う》つ打法《だほう》

ブロック …… 65～68
相手《あいて》の強打《きょうだ》を受《う》け止《と》めて返球《へんきゅう》する守備《しゅび》の技術《ぎじゅつ》

ペンホルダー …… 17・25
「ペンホルダーラケット」「ペン」ともいう。ペンを持《も》つようにグリップを親指《おやゆび》と人《ひと》さし指《ゆび》ではさむ持《も》ちかた。日本式《にほんしき》と中国式《ちゅうごくしき》がある

マ

右横回転《みぎよこかいてん》 …… 50・84・85・88・91
右回《みぎまわ》りに回転《かいてん》したボール

ラ

ラバー …… 19～22・24・64・103・104・108
ラケットの上《うえ》にはるゴムのシート

ラリー …… 62・73・106・111・115・116
ボールを打《う》ち合《あ》うこと

両《りょう》ハンドドライブ …… 24・104
シェークハンドラケットで、台《だい》から少《すこ》し離《はな》れて戦《たたか》う戦《せん》型《がた》のこと

レシーバー …… 76・83～85・88・91・116
サービスをレシーブする人《ひと》のこと

レシーブ …… 25・88・92・95・102・124・125
レシーバーがラリーの2球目《きゅうめ》、つまり相手《あいて》のサービス（1球目《きゅうめ》）を受《う》けること

おわりに

自分《じぶん》に合《あ》った戦《たたか》いかたや用具《ようぐ》で
コンプレックスも強《つよ》みになる

卓球《たっきゅう》というスポーツは足《あし》が速《はや》い人《ひと》が勝《か》つわけではありません。背《せ》の高《たか》い人《ひと》がとても有利《ゆうり》だということもありません。自《じ》分《ぶん》の体《からだ》の特徴《とくちょう》と、身体能力《しんたいのうりょく》の特徴《とくちょう》（足《あし》が速《はや》いや遅《おそ》い、素早《すばや》く動《うご》くのが得意《とくい》、持久《じきゅう》力《りょく》がある、手先《てさき》が器用《きよう》など）を判断《はんだん》して、自分《じぶん》に合《あ》ったプレースタイルと用具《ようぐ》を選《せん》択《たく》すれば、ほかの競技《きょうぎ》ほど身体能力《しんたいのうりょく》の差《さ》は出《で》てこないと思《おも》っています。それどころか、自分《じぶん》ではコンプレックスに感《かん》じていた部分《ぶぶん》が、逆《ぎゃく》に強《つよ》みになったりすることもあるのです。

できないことをできるようにしていく達成感《たっせいかん》や、試合《しあい》で自分《じぶん》の思《おも》い通《どお》りにプレーできたときの達成感《たっせいかん》は、クイズを解《と》いて正解《せいかい》したときの感覚《かんかく》にも似《に》ています。

先《さき》にもお話《はな》ししたように、卓球《たっきゅう》は「回《かい》転《てん》のスポーツ」です。卓球《たっきゅう》の醍醐味《だいごみ》である回転《かいてん》で壁《かべ》に行《い》き詰《づ》まることもあると思《おも》います。しかし、それはあなたが強《つよ》くなり、卓球《たっきゅう》の奥深《おくぶか》さを知《し》ることができるチャンスなのです。

藤井寛子《ふじいひろこ》

●著者《ちょしゃ》

藤井寛子《ふじいひろこ》

1982年《ねん》生《う》まれ、奈良県出身《ならけんしゅっしん》。四天王寺高校《してんのうじこうこう》－淑《しゅく》徳大学《とくだいがく》－日本生命《にほんせいめい》。主《おも》な戦績《せんせき》は全日本卓球選手《ぜんにほんたっきゅうせんしゅ》権《けん》シングルス準優勝《じゅんゆうしょう》２回《かい》、ダブルス優勝《ゆうしょう》５回《かい》、世《せ》界選手権団体《かいせんしゅけんだんたい》３位《い》２回《かい》。各世界大会《かくせかいたいかい》では日本《にほん》代表《だいひょう》のキャプテンも務《つと》めた。2014年《ねん》の現役引退《げんえきいんたい》後《ご》はバタフライのアドバイザリースタッフ、指導《しどう》者《しゃ》や解説者《かいせつしゃ》として活躍中《かつやくちゅう》。

●撮影協力《さつえいきょうりょく》

小瀬《おぜ》クラブ（奈良県《ならけん》）

1992年創立《ねんそうりつ》、「小瀬《おぜ》から世《せ》界《かい》へ」がモットー。まずは卓《たっ》球《きゅう》を好《す》きになってもらうことを重要視《じゅうようし》しており、アットホームな指導《しどう》を続《つづ》けている。藤井寛子《ふじいひろこ》（著者《ちょしゃ》）・優子姉妹《ゆうこしまい》をはじめ、各進学先《かくしんがくさき》で全国優《ぜんこくゆう》勝《しょう》を果《は》たしている卒業生《そつぎょうせい》を多《た》数輩出《すうはいしゅつ》。過去《かこ》には98年《ねん》全国《ぜんこく》ホープス（小学生《しょうがくせい》の団体戦《だんたいせん》）優勝《ゆうしょう》、2001年《ねん》と02年《ねん》には全《ぜん》日本《にほん》クラブ選手権優勝《せんしゅけんゆうしょう》、などの好成績《こうせいせき》を残《のこ》している。また現在《げんざい》も全国大会《ぜんこくたいかい》、近畿《きんき》、奈良《なら》で活躍《かつやく》している卓球《たっきゅう》クラブである。藤井姉妹《ふじいしまい》の両親《りょうしん》が主宰《しゅさい》している。

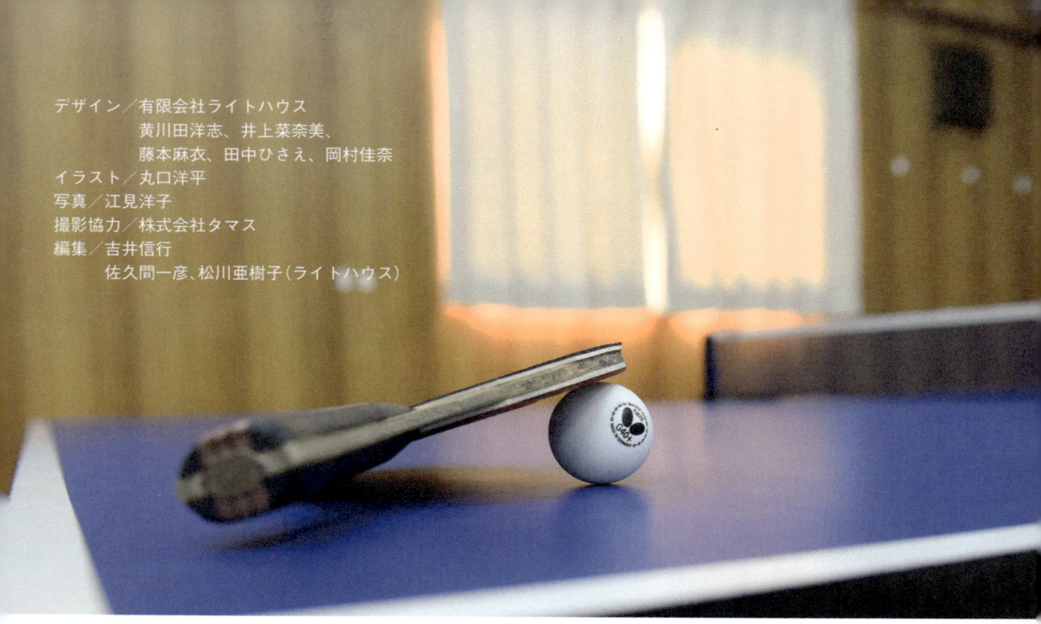

デザイン／有限会社ライトハウス
黄川田洋志、井上菜奈美、
藤本麻衣、田中ひさえ、岡村佳奈
イラスト／丸口洋平
写真／江見洋子
撮影協力／株式会社タマス
編集／吉井信行
佐久間一彦、松川亜樹子（ライトハウス）

クイズでスポーツがうまくなる

知《し》ってる？ 卓球《たっきゅう》

2016年9月15日　第1版第1刷発行
2021年5月10日　第1版第2刷発行

著　　者／藤井寛子《ふじいひろこ》
発 行 人／池田哲雄
発 行 所／株式会社ベースボール・マガジン社
〒103-8482
東京都中央区日本橋浜町2-61-9 TIE浜町ビル
電話　03-5643-3930（販売部）
03-5643-3885（出版部）
振替口座　00180-6-46620
https://www.bbm-japan.com/

印刷・製本／広研印刷株式会社

©Hiroko Fujii 2016
Printed in japan

ISBN 978-4-583-10954-1 C2075

＊定価はカバーに表示してあります。
＊本書の文章、写真、図版の無断転載を禁じます。
＊本書を無断で複製する行為（コピー、スキャン、デジタルデータ化など）は、私的使用のための複製など著作権法上の限られた例外を除き、禁じられています。業務上使用する目的で上記行為を行うことは、使用範囲が内部に限られる場合であっても私的使用には該当せず、違法です。また、私的使用に該当する場合であっても、代行業者等の第三者に依頼して上記行為を行うことは違法になります。
＊落丁・乱丁が万一ございましたら、お取り替えいたします。